救国シンクタンク叢書

皇位継承問題

救国シンクタンク［編］

総合教育出版

令和五（二〇二三）年七月三〇日開催「救国シンクタンク第七回フォーラム」の書籍化

＊目次

第四章　「憲法第十四条と皇位継承問題」

登壇者：新田均・榊原智・今谷明・山本直道・高清水有子

救国シンクタンク第七回フォーラム『皇位継承問題』開会の挨拶

中川　ただいまより一般社団法人救国シンクタンク第七回フォーラム「皇位継承問題」を開催致します。司会を務めますのは、救国シンクタンク研究員の中川コージでございます。本日はどうぞ、よろしくお願い申し上げます。（拍手）

まずは、開催に当たり、救国シンクタンク理事の渡瀬裕哉より、開会のご挨拶を申し上げます。

渡瀬　ただいま、ご紹介にあずかりました救国シンクタンク理事の渡瀬裕哉でございます。改めまして、本日は日曜日の夕刻にもかかわらず、多くの皆様に救国シンクタンク第七回フォーラム『皇位継承問題』に足を運んでいただき、まことにありがとうございます。

これまで、救国シンクタンクでは、「規制改革フォーラム」から始まり、「大国のハイブリッドストラグル」や「ウクライナとレジ袋」など、普段メディアやマスコミが必ずしも注目していないけれども、日本にとって本当に重要な論点について、さまざまな有識者の方々と共にフォーラムを実施して参りました。

そして、今回の第七回フォーラムは、まさに救国するための本丸とも言うべき「皇位継承問題」をテーマとしております。

後ほど、倉山所長から今回の開催趣旨についてご説明させていただきますが、救国シンクタンクでは皇室問題を別格の問題として重視しており、令和四年に安定的な皇位継承のあり方を議論する政府の有識者会議最終報告書が提出され、その動きが鈍化しているこのタイミングで、みなさまと共に、日本の皇位継承問題について考える機会を設けることができればと思っております。

当フォーラムがみなさまにとって、少しでも日本の皇室を考える上で有意義な会となることを祈念いたしまして、開会のご挨拶に代えさせていただきます。ありがとうございます。（拍手）

中川　渡瀬研究員、ありがとうございました。続きまして、今回の第七回フォーラム開催に当たり、開催の背景説明および、ご登壇いただく先生方の紹介を救国シンクタンク理事長兼所長の倉山満より、みなさまにご説明させていただきます。

倉山　これだけの超満員の方々にお集まりいただき、まずは御礼申し上げます。

救国シンクタンクは、日本救国に向けて多くの政策を提言・普及・実現してまいりました。しかし、われわれは結論ありきで「救国するための方策として、これが正解です。これをやりましょう」と声高に叫び、イデオロギーや政策をゴリ押しするシンクタンクではありません。何が達成されれば救国なのか、皆で議論しながら常に検証していこうと話し合い、日々、多くの議論を積み重ねているのです。

その中でも皇室は別格で、常に別枠の政策として扱ってきました。なぜならば、皇室は日本の歴史を象徴する存在なのですから。皇室を守り抜けなくて、何を守るのか、「救国」つまり「くにまもり」は、ここに尽きるからです。

令和四年、安定的な皇位継承のあり方を議論する政府の有識者会議最終報告書が提出されました。しかし、現実にはほとんど動いていません。そこで我々は一石を投じるべく、「皇位継承問題」をテーマとして、五人の有識者の方々をお招きし、第七回フォーラムを開催することとしました。

先生方のご説明ですけれども、まず始めに、菅《すが》内閣の有識者会議のヒアリングメンバーで、皇學館大學現代社会学部教授の新田均先生から、「皇位継承問題とは何か？」と題し、学術的な側面から皇位継承問題とは何かについてご説明いただきます。

続いて二番目に、産経新聞社論説委員長の榊原智先生から、有識者会議最終報告書が政府に提出されたことを踏まえ、「皇位継承問題と政治」と題し、政治の中で現在どのような動きになっているかをご説明いただきます。そもそも皇室とは何なのか、そして今、政治の中で現実がどういう問題になっているのか、ご説明いただきます。

次に三番目には、有識者会議のヒアリングメンバーで、国際日本文化研究センター名誉教授の今谷明先生から、「後花園天皇と伏見宮家」と題し、「旧皇族が現在の皇室から遠い」という批判がなぜなされるのかという点に関し、旧皇族すべての先祖である伏見宮家、その伏見宮家を永代宮家にした後花園天皇の歴史から、ご説明いただきます。

つまり、政府の有識者会議報告書の肝は旧皇族の男系男子孫の方々に皇籍を取得していただこうという案なわけですけれども、その旧皇族家に対する批判があるので、批判者が批判していることの根拠となる事実を、あえて、今谷先生にご説明していただきます。

四番目には、憲法問題として「旧皇族の男系男子孫の皇籍取得は日本国憲法第十四条違反だ」という意見がありますので、それが本当にそうなのかということを、「旧皇族の男系男子孫の皇籍取得は日本国憲法第十四条違反なのか」と題し、弁護士の山本直道先生から、それ「旧皇族の男系男子孫が皇族に戻ることが憲法第十四条違反だ」という指摘が誤りであるということを法解釈の観点からご説明いただきます。

そして最後に、皇室評論家で、日本文化興隆財団理事の高清水有子先生から、「秋篠宮家の現在と未来」と題し、唯一の皇位継承者である悠仁殿下が、しっかりと立場をご自覚されておられることを、希望ある秋篠宮家のお話と共にご説明いただきます。

以上、第一部で各先生方に講義いただいた後、第二部ではクロストークの形でご意見を交わしていただきます。

本フォーラムを通じて、現在の皇位継承問題が、「男系か女系か」という既に終わった議論ではなく、唯一の皇位継承者である悠仁殿下をどのように我々国民がお支えをするのかという問題であることをご理解いただければ幸いです。以上、趣旨説明とさせていただきます。

中川　倉山所長、ありがとうございました。それでは、第一部に入りたいと思います。

第一部

皇位継承問題をめぐる有識者による講演

司会・倉山満

第一章　皇位継承問題とは何か

新田均

倉山　最初の講演は皇學館大學現代日本社会学部教授、新田均《にったひとし》先生です。新田先生は、先程ご紹介させて頂きました通り、菅内閣の有識者会議のヒアリングメンバーとして皇位継承問題の取りまとめにご尽力されました。

テーマは「皇位継承問題とは何か?」ということで、なぜ皇位継承問題が救国につながるのかという部分からお話いただきたいと思います。

新田先生よろしくお願いいたします。(拍手)

皇位は皇統に属する男系男子による世襲

新田でございます。よろしくお願いいたします。

私に課せられた題は「皇位継承問題とは何か？」ですが、まずは、この「皇位継承問題」に関わる様々な用語をきっちり整理しておきたいと思います。そうでないと議論が混乱してしまいますので。

いまの日本における「皇位継承問題」とは、みなさまご存知のことで言うまでもありませんが、皇位を継承される皇族が極めて少ないことです。

そこでまず、日本国憲法と皇室典範から皇位継承について規定している部分を見ていきたいと思います。

日本国憲法第二条

皇位は、世襲のものであって、国会が議決した皇室典範の定めるところにより、これを継承する。

「皇位」と「世襲」という言葉があります。「皇位」とは天皇陛下の地位であり、それは「世襲」という原則によって受け継がれていきます。そして、この「世襲」について規定しているのが皇室典範第一条です。

皇室典範第一条
皇位は、皇統に属する男系の男子が、これを継承する。

天皇の地位につく資格は神武天皇以来の男系(*1)に属する男子が持ち、それを皇統と呼んでいるわけですから、「皇統に属する」と「男系」はある意味で同義反復とも言えます。とにかく、神武天皇以来の男系を皇統と呼び、そこに属する男子しか位につけない、ということになっているわけです。

この「皇統」について深く追求したのが北畠親房《きたばたけちかふさ》の『神皇正統記《じんのうしょうとうき》』です。

＊1　男系　皇位継承における男系とは、父方（父の父の……）をたどると天皇に行き着く血統のこと。我が国では初代神武天皇以来、今上天皇まで一度の例外も無く男系継承が行われてきた。将来は今上陛下から秋篠宮家が皇位を継承する予定。

北畠親房『神皇正統記』の「代《だい》」と「世《せい》」

我々は「第何代天皇」などと言い、たとえば今上陛下は一二六代ですが、『神皇正統記』のなかで北畠は「代《だい》」のほかに「世《せい》」という概念を用いています。

「代」は天皇が位に就いた順番です。正式な手続きを経て、天皇位についたならば「代」は変わりません。厳密に言いますと、北畠親房の代数の数え方と現在の代数は若干異なっているのですが、「第○代」と数えられることに変わりはないわけです。

しかし、北畠親房はこの「代」よりも「世」を重視し、「世」を「まことの継体」としています。『神皇正統記』が「しょうとうき」であるように「正統」を「しょうとう」(*2)と読み、この「しょうとう」にあたるのは「世」なのです。

では「世」とは何かと言いますと、神武天皇以来途切れることなく父から子へとつながった。

＊2　正統《しょうとう》　皇位を男系子孫に継がせた系統のこと。異端に対する正統《せいとう》とは意味が異なる。前近代では、誰が正嫡になるかによって正統《しょうとう》が決まるので、皇位をめぐる争いが絶えなかった。

る一本の筋です。したがって、ご本人が天皇位に就かなくても子孫が天皇になられた方は、北畠親房によると「しょうとう」であり、第○世なのです。逆にある時代に「第○世」であっても、後にその男系の子孫が絶えると「世」に数えられなくなってしまいます。一方、「代」は「せいとう」ではありますが、必ずしも「しょうとう」ではない。そして北畠は「代」のことを「凡の承運《おおよそしょううん》」と呼んでいます。

天皇になっていない日本武尊が「しょうとう」に！

具体例を見てみましょう。

『神皇正統記』が扱っているのは神武天皇から後村上天皇までですが、私はその後も、今上陛下まで北畠にならって系図を作ってみました。長い巻物のようですね（図1は一部抜粋。全図は巻末参照）。

天皇のお名前の左にある数字が北畠親房が言うところの「世」＝「まことの継体」で、お名前の下の数字が、いわゆる第何代と言われる、実際に天皇が位に就かれた代数になります。なお、この系図は北畠の「世」の考え方を取り入れて作成しましたが、代数は現在

図1

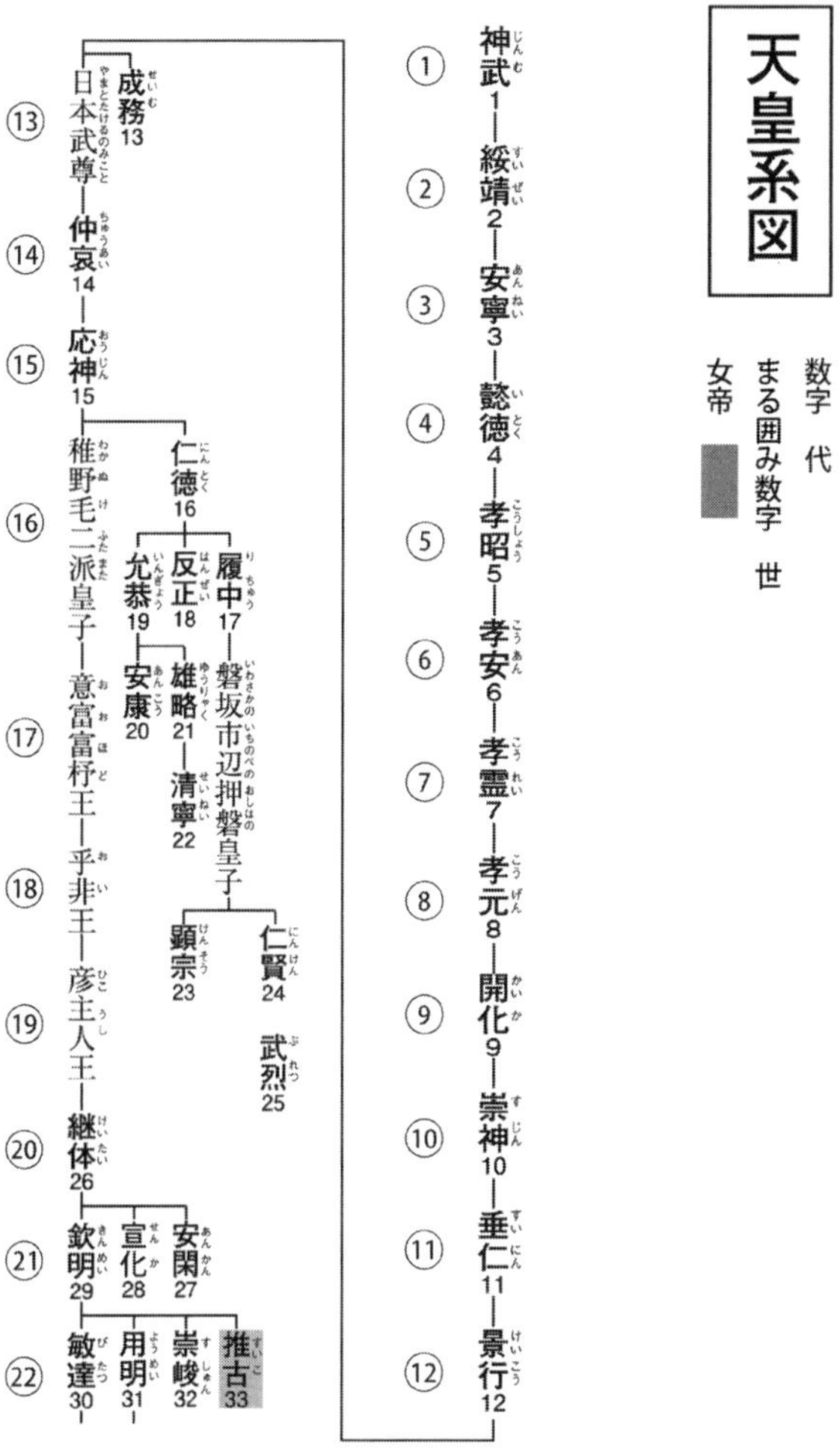
天皇系図
数字　代
まる囲み数字　世
女帝
①
神武《じんむ》 1
②
綏靖《すいぜい》 2
③
安寧《あんねい》 3
④
懿徳《いとく》 4
⑤
孝昭《こうしょう》 5
⑥
孝安《こうあん》 6
⑦
孝霊《こうれい》 7
⑧
孝元《こうげん》 8
⑨
開化《かいか》 9
⑩
崇神《すじん》 10
⑪
垂仁《すいにん》 11
⑫
景行《けいこう》 12
⑬
成務《せいむ》 13
日本武尊《やまとたけるのみこと》
⑭
仲哀《ちゅうあい》 14
⑮
応神《おうじん》 15
⑯
仁徳《にんとく》 16
稚野毛二派皇子《わかぬけふたまた》
履中《りちゅう》 17
反正《はんぜい》 18
允恭《いんぎょう》 19
⑰
意富富杼王《おおほど》
磐坂市辺押磐皇子《いわさかのいちのべのおしはの》
雄略《ゆうりゃく》 21
安康《あんこう》 20
清寧《せいねい》 22
⑱
乎非王《おい》
仁賢《にんけん》 24
顕宗《けんぞう》 23
⑲
彦主人王《ひこうし》
武烈《ぶれつ》 25
⑳
継体《けいたい》 26
㉑
欽明《きんめい》 29
宣化《せんか》 28
安閑《あんかん》 27
㉒
敏達《びたつ》 30
用明《ようめい》 31
崇峻《すしゅん》 32
推古《すいこ》 33

の公式代数に準じた表記となっております。(＊3)
「世」と「代」が最初にズレたのは日本武尊《やまとたけるのみこと》(＊4)の時点です。日本神話でも悲劇の皇子として有名な日本武尊は天皇にはなりませんでした。そのため弟の成務天皇が位を継がれ、その時点で日本武尊は「しょうとう」ではなかったんですが、成務天皇の次は日本武尊の息子（仲哀天皇）が即位したので、「しょうとう」になりました。逆に、成務天皇は「せいとう」ではあるけれども「しょうとう」ではなくなりました。

北畠親房によると、このように父子で継承されていくのが「しょうとう」なのです。現代の我々は「代」の表しか見たことがないので、感覚がつかみにくいかもしれませんが、北畠親房型の系図も示唆に富んでいます。

たとえば網掛けは女性天皇ですが、現在傍系であるどんな系統に「しょうとう」が移ろうとも、女性天皇が「しょうとう」になることはありません。ある種の一貫性が視覚化されていない。

＊3　北畠親房『神皇正統記』では神功皇后が数えられ、弘文天皇（天智の子）が数えられていない。

＊4　日本武尊　父景行天皇の命令で熊襲・出雲・蝦夷を征討。草薙の剣で危機を脱した話、死して白鳥になった話などが伝わる。

れるすぐれものです。

ちなみに今上陛下は第七十三世に当たられるということになります。

「氏」＝「姓」、「家」＝「名字（苗字）」

先ほど日本国憲法や皇室典範の条文を挙げながら「皇位は世襲」であって、「皇統に属する男系の男子が継承する」と、ご説明しました。

この「世襲」の土台となっているのが、「氏」「姓」の観念で、男系を核とする集団を指し、祖先に対する祭祀などが受け継がれていきます。これは古代以来の観念でして、東アジアで広く見られます。そして、ある「氏」を他の「氏」と区別するために用いられている名称が「姓」です。

日本の場合、最高位であり続け、途切れたことがない皇室は「氏」中の「氏」であって並ぶものがなく、他と区別する必要がないので、「姓」がありません。

ところが、我々が「世襲」という言葉から連想するものは、えてしてそれとは異なる観念なので混乱の元となっています。

岩波書店『広辞苑』第五版で「世襲」を引くと、「その家の地位・財産・職業などを嫡系の子孫が代々うけつぐこと」と書かれています。「地位・財産・職業など」を受け継ぐ集団を「家」と言い、その「家」を表す名称が「名字（苗字）」です。今日では「名字（苗字）」のことを「氏」や「姓」とも言い、両者を区別なく使っていますが、本来は別物で、我々現代の日本人が名乗っているのは、実はすべて「名字（苗字）」なのです。

先に述べた「氏」の観念をいまだに持ち続けているのが中国人や韓国人です。彼らが名乗っているのは「姓」なので、結婚をしても変わりません。結婚しても父系の血統は変わらないので夫婦は別姓なわけです。

それに対して、私たち日本人が名乗っているのは「名字（苗字）」です。同じ職業と財産を守っていく集団、いわば財団法人の名称です。そこに属する仲間はみなその財団法人の名称である「名字（苗字）」を名乗るので、日本では夫婦は同名字（苗字）なのです。

実は近世までは「姓」と「名字（苗字）」の両方の観念が共存していました。例えば、徳川家康であれば、その正式な名乗りは「徳川《とくがわ》次郎《じろう》三郎《さぶろう》　源《みなもとの》　朝臣《あそん》家康《いえやす》」でした。「徳川」という家の、「源」という血筋（氏）の、「家康」（諱）という個人なわけです。

これが明治時代になると、ヨーロッパの法体系を取り入れたので、民法もヨーロッパ風になり、「氏」「姓」が否定されて、国民全員が「名字（苗字）」だけを名乗るように統一されてしまいました。

そんなわけで、現代の日本人は「世襲」を「家」を継ぐことという「名字（苗字）」の感覚でとらえてしまいがちです。この「家」の観点で皇位継承問題を見てしまうと、「女性宮家」でいいじゃないかという発想になってしまうわけです。

原則が異なる日本と中国

よく皇室の男系主義を中国の影響だと言う人がいますが、「男系主義」といっても日本と中国では原理原則がぜんぜん違います。中国の場合は同姓不婚です。同じ男系の血筋に属する者同士は絶対に結婚してはいけません。しかし、日本の皇族の場合は逆でして、「養老継嗣令《ようろうけいしりょう》」という古代の法律の中では、むしろ同族婚が原則です。

養老継嗣令第四条

凡そ（男性の）王、（女性の）親王を娶り、（男性の）臣、五世の（女性の）王を娶る

を聴（ゆる）せ

（　）は私が補いましたけれども、「男性皇族は女性皇族を妻としなさい」、逆に「臣下（皇族以外の男性）は、世代が離れて皇族ではなくなったしまった、今でいうところの臣籍降下した女性としか結婚できません」と書いてあります。

ここで同族婚に関連して、「養老継嗣令」の第一条をめぐるよくある誤解について付け加えておきたいことがあります。

養老継嗣令第一条
凡そ皇の兄弟皇子を皆親王とせよ。（女帝の子も亦同じ。）以外はみな諸王とせよ。親王より五世は、王の名を得たりと雖も、皇親の限にあらず。

ここに「女帝の子」とあるので、「これは女系を認めている」と主張する人がいます。しかし、先の四条を読めばわかりますが、女性皇族はすべて男性皇族と結婚することになっているので、そこから生まれた子はすべて男系の血筋を引くという仕組みになっていたわけで、けっして女系を認めた条文ではありません。

話を戻しますが、日本の男系と中国の男系のように、原則がまったく違うものを「地理的に近いから、おそらく影響を受けたのだろう」などと推測をするのは、「漢字を使っているから日本語と中国語は同じ系統の語族だ」というのと、同じぐらい乱暴な議論だと思います。

排除されているのは女性ではなく男性

また、男系主義を男性至上主義と勘違いされている方がおられるけれども、これは皇室に皇統以外の男性が入ること、その血筋が入ることを排除するというのが本来の目的です。いつの世でも、皇族はごくわずかで、一般人が大多数です。その圧倒的に人数の多い一般人について言えば、男性の方が女性よりも皇室から差別されております。なぜかと言うと、一般男性は、たとえ日本人であっても、皇族と結婚しても皇族になれません。当然、天皇の父にはなれないし、摂政にもなれません。ところが、女性は国籍に関係なく、皇族と結婚すれば皇族になれます。天皇の母にも、摂政にもなれるのです。したがって、男女のどちらが差別されているかと言ったら、むしろ男性の方です。

この男性排除は憲法第十四条が禁止している「性別による差別」の例外にあたります。皇室典範は一般の法律ですから、その法律が憲法を破ることはできません。では、なぜそれが許されるかというと、そもそも憲法第二条の「世襲」に男系主義が含まれていると解釈できるからです。

憲法第十四条と皇位継承に関する問題点は後ほど（第四章）山本先生が詳しくお話しくださると思いますので、簡単に触れるにとどめておきます。

ちなみに男性皇族が婚姻するにあたっては皇族会議の議を経なければなりませんので、女性皇族より制約が多いということになっています。

以上、皇位継承に関わる用語やよくある誤解について語ってきましたが、疑問・疑念の解消に役立ちましたでしょうか。皇位継承に関わる観念についての理解を深めていただけたのなら、ありがたく思います。

なぜ皇室が大事なのか

本日のテーマは皇位継承問題ですが、この前提には「皇室は大事である」という認識があります。ここにいらっしゃるみなさんには自明のことかもしれませんが、人によっては「どうして皇室が大事なのですか?」と疑問に思う人もいます。「天皇制反対！」を声高に叫ぶ人は減っていますが、その一方で皇室に対する敬意が全体として薄らいでいるように感じられる昨今、素朴にそう考えている人もいるでしょう。皇室が大事だと思われているみなさんでも、実際、そのような素朴な質問を投げかけられたら、答えに窮してしまうのではないでしょうか。

質問そのものは単純なのに、それに答えるのはなかなかに難しい。今日は、その難問に私なりの答えを用意してきました。

集団をまとめ動かすには理念や大義が必要です。そして日本という集団を、政治的・文化的にまとめて国家組織を作る、その建国の核となったのは、神話に始まる皇室の物語でした。そして、建国の後も、皇室の物語が日本の核となり続けてきました。「たかが物語」というなかれ、一国家の物語にはそこに属する人々を納得させ得る正当性・正統性が必要です。日本が誇る皇室の物語は、その継続性という点で、いわば世界最強の物語です。そして今後もこれに代わる物語は現れないでしょう。現れたとしても機能しないでしょう。

我が国は長い歴史の中で、皇室を中心とした様々な政治制度を体験してきました。その体制はいつも万全だったわけではなく、いろいろな混乱を生じましたけれども、危機に瀕する度に、この物語に沿ってどういう組織改革をしたらいいのか、その know-how をもう二千年にわたって蓄積してきているわけです。

日本が続いていること、そして、皇室が続いていることは、その know-how の正しさの証明でもあると言えるでしょう。この物語以上の物語、我々をまとめる物語が今この世に存在しているのか。そんなものは存在しない、と私は断言します。

皇室の物語の力、あるいは皇室そのものの力と言ってもいいですが、私がそこに見ているのは復元力です。完全さではありません。皇室を巡っても様々な混乱はありましたが、常に原点に戻る。様々な混乱を乗り越えて、本来持っている神話の物語に立ち返る。

神道の中心には「禊祓《みそぎはらい》」があります。罪穢れを払って、元のすがすがしい状態に戻っていく。これが神道の一番基本的な観念で、古典の中では神代の物語とともに大祓詞《おおはらえことば》がものすごく大事にされてきました。大祓詞とは穢れを祓うために唱えられる祝詞で、半年毎に、国の穢れを払うために唱えられました。日本の古典研究者たちは、この祝詞を大変重視して研究してきました。

中国の易姓革命やヨーロッパ近代共和制と向かい合う皇室

男系継承を核とした「万世一系」の皇室の物語は、別の言い方をすると、ごく限られた特定の血筋の、ごく一部の方々に国の中心者になる資格（皇位継承資格）を限るという原則を中心に展開されています。

この日本の原則に対するアンチテーゼは、近世までは中国の易姓革命思想(＊5)で、能力があれば誰でも国の中心者になれるという考え方です。これとどう向き合うかというのが近世までの皇室を巡る思想問題の中心課題でした。

北畠親房もこのことについて考えています。彼の場合は中国の易姓革命のように天皇の血筋が変わるということは認めませんが、天皇の徳の有無によって皇統の中で正統が変わ

＊5　易姓革命　孟子が唱えた王朝交代の理論。「天子が悪政を行えば、天は天命を改め（革命）、別の有徳者を天子とし、姓を易《かえ》る（易姓）」という考え方。暴力を伴わずに皇帝が皇位を一族以外の者に譲る「禅譲」と、武力を用いる「放伐」がある。日本では皇位が他の一族に移ったことは一度もない。

ることは認めています。

たとえば、仁徳天皇(＊6)は徳が高かったのでその子孫が続いた。しかし、武烈天皇(＊7)のような徳のない子孫が出ると、いかに先祖の徳が高くともその皇統は断絶してしまい、傍系に移ってしまう、といった考え方です。

そして近代以後は、欧米型の共和制とどう向き合うかということが問題になってきます。民主共和制は能力次第で誰でも国の中心者になれ、中心者が世襲化しない制度です。

＊6　仁徳天皇　善政で有名な五世紀初頭の天皇。「民の竈《かまど》」の話が有名。『古事記』によると、仁徳天皇が高い山に登って国を見渡すと、どの家からも煙がのぼっていなかった。天皇は人々が炊事もできないほど貧しいことを知り、三年間、租税や賦役を免除することにした。その結果、自らの宮殿も雨漏りするようになってしまったが修繕せず、質素な生活を送った。三年後に家々から煙が立ち上っているのを確認した天皇はようやく徴税や工事のための労働を再開したという。堺市大仙町には仁徳天皇陵があり、古墳の面積は世界最大級。

＊7　武烈天皇　五世紀末から六世紀初頭の天皇。性格が暴虐で荒々しかったと伝えられる。しかし、『古事記』にそのような記述はなく、「徳のない君主は子孫が絶える」との考え方で、継体天皇を正当化するために暴君に仕立て上げられたとの説もある。

一見素晴らしく見え、また素晴らしいものとして教えられています。

一方で、我が国の皇室の万世一系の物語の中核にあるのは、国の中核を担う人物の交代は正統性を保ちながら、できるだけ争いなく穏やかに行われるのが望ましいという考え方です。

日本は皇室を失ったことがありません。王朝が交代したことも、異民族の支配を受けたこともありません。神話の時代から続く皇室の物語の中でずっと生きてきているので、国の中心者が変わる時の混乱、その恐ろしさ、悲惨さを経験していない。だから、なかなかイメージしにくいかもしれませんが、それは、ある一族が消えて、他に取って代わられるだけではおさまりません。国全体が大混乱に陥り、外国の干渉を受けやすくなり、治安が乱れ、政治も経済もガタガタになるような大きなリスクを伴います。それまで築き上げてきたものがメチャクチャに破壊されるようなことにもなりかねない。

だからこそ、国の中心者は常に穏やかに変わっていくのがよいと建国以来考えられてきたのだろうと思います。これを考え出し、守り育ててきた我々の先祖の知恵には頭が下がります。

もっとも、いくら後継者資格の範囲をせばめたところで、後継争いが起こる可能性は残ります。しかし、候補者が多ければ多いほど、それを立てて「この方がいい」「この方が正当だ」と主張する人もまた増える。そのリスクをできるだけ低くする方策のひとつが男系継承です。今は皇統が続くか続かないかという危機にあるので、そこばかりに気が取られていますが、皇位継承者は多すぎても困るのです。

男系に限ることによって、継承者候補は皇族の約半分になりますから、継承における混乱のリスクが少なくなります。つまり、この困難な男系継承の原則こそが国の安定につながっていると考えるべきではないのかというのが、私の今日の問題提起です。ご清聴ありがとうございました。

悠仁親王殿下へ受け継がれる「しょうとう」

倉山　新田先生、ありがとうございました。多少時間を残していただきましたので大事な点のおさらいをしたいと思います。

戦前の子どもは、歴代の天皇の名前を覚えたものですが、今では「神武」はともかく、その後は知らない人も多いかもしれませんね。神話の時代から始まって、はじめは父から子への皇位継承が続きます。神武・綏靖・安寧・懿徳・孝昭・孝安・孝霊・孝元・開化・崇神・垂仁・景行と来て、その次、日本武尊は皇位を継がず、弟が天皇（成務天皇）になったけれども、結局は日本武尊の息子（仲哀天皇）に皇位が戻りました。ここで、おじ甥継承が初めて行われました。つまり、成務天皇にはお子がいらっしゃらなかったので、亡き兄・日本武尊の息子に天皇になっていただいたのでした。そのため日本武尊は天皇になっていないけれども「しょうとう」なわけです。成務天皇は「せいとう」な天皇ですが、子に継がすことができなかったので「しょうとう」ではない。

そして、その後も時に兄弟継承になったり、あるいは皇統が途切れることがありますが、そのときはまた、父の父の父の……とたどって、ご先祖様の父から息子へ息子へ息子へとたどり直します。すると、横に枝分かれしながらも、真下に伸びる一本の筋ができます。

さて現代、上皇陛下がいらして今上陛下がいらして。今上陛下の次は、いずれ秋篠宮家に皇位が移るということは決まっております。秋篠宮殿下自身は、兄君と五歳差なので今上陛下が高齢で退位ないし崩御された場合には「兄が八十歳のとき、私は七十代半ば。それからはできないです」とおっしゃっておられます（朝日デジタル、二〇一九年四月二〇日）。ですから、その場合は秋篠宮殿下が天皇位につくことなく、一世代下の悠仁殿下が継がれるということですが、「しょうとう」は天皇となられた悠仁殿下の父秋篠宮側に移るということになるわけですね。その場合も神武天皇から父から子へと一本の糸で悠仁殿下までつながっていることには変わりありません。

これを続けますか、無理だからやめますか、というのが皇位継承問題の本質です。新田先生にかなりロジカルに詳しくお話しいただきましたけれども、根本はこの神武天皇の伝説から始まる一本の糸を続けるのか、続けないのかということです。

では、次の講演に移らせていただきます。

第二章　「皇位継承問題と政治」

榊原智

倉山　次は、産経新聞社論説委員長の榊原《さかきばら》智《さとし》先生です。テーマは「皇位継承問題と政治」で、政治の現場で皇位継承問題がどう扱われているかをお話しいただきたいと思います。

（拍手）榊原先生、お願いいたします。

立皇嗣の礼の意味

みなさん、はじめまして。産経新聞社で論説委員長をやっております榊原と申します。極めて大切な皇位継承の問題についてお話しする機会を与えていただきまして本当に感謝しております。一言お断り申し上げたいのですが、今日の話は産経新聞社としてではなくて、産経の記者として政治畑を歩き、今は論説委員室で皇位継承問題も担当している榊原のものとしてお聞きいただければと思います。

本日は、令和三（二〇二一）年の三月に菅義偉内閣が発足させ、岸田文雄内閣がその同じ年の十二月に報告書を受け取った、その政府有識者会議の話を後段でしたいのですけれども、その前に、この有識者会議の発足前に極めて大切な動きがあった点について申し上げたいと思います。

それは今上陛下の令和の御代替わりの御大典の掉尾《とうび》を飾るものとして、令和二年十一月八日「立皇嗣の礼」が行われたことでして、これが非常に大事だというお話をまずしたいと思います。

昭和天皇は若くして皇位にお就きになり、当時、ご結婚はされていましたが、男のお子様はいらっしゃいませんでした。ご長男（今の上皇陛下）がお生まれになるのは昭和八年十二月ですけれども、昭和天皇の御即位から親王がお生まれになるまでの間、皇位継承権第一位でいらしたのは昭和天皇の弟宮の秩父宮殿下でいらっしゃいました。この方が皇嗣というお立場にいらしたのですが、当時、「立皇嗣の礼」というものは行われておりません。これはなぜかと言うと、昭和天皇がお若かったので親王のご誕生が十分に期待できたからであります。

しかし、今上陛下の御即位にあたっては、弟君でいらっしゃる秋篠宮皇嗣殿下が皇嗣であること、皇位継承順位第一位であること、すなわち、次の天皇は秋篠宮殿下であるということを示す「立皇嗣の礼」が行われました。これは日本の国政上、それから皇室の祭祀の上でも極めて重い意味があるのです。

「立皇嗣の礼」には、さまざまな儀式が含まれ、その一連の行事のうち中核となるのが「立皇嗣宣明の儀」という儀式です。これは天皇陛下の国事行為として行われております。ですから今上陛下が、ご自分の次の天皇には秋篠宮殿下が即位するということを内外にお示しになったという、極めて重要な意味があるのです。令和の「立皇嗣の礼」は今上陛下から秋篠宮殿下、それから、その御長男の悠仁親王殿下へと皇位が受け継がれていくという、その「せいとう」「しょうとう」の流れを示したということになるわけであります。

それが国事行為という、憲法にも書かれている日本国にとって最も重い儀式によって示されたわけです。これ以上に重い天皇陛下のお立場の表明はございません。大御心が示されたというふうに申し上げて良いかと思います。

この「立皇嗣宣明の儀」に先立って、今上陛下は宮中三殿で「賢所《かしこどころ》皇霊殿《こうれいでん》神殿《しんでん》に親告《しんこく》の儀」を執り行われて、日本の神々やご祖先に「立皇嗣の礼」を執り行いますということを奉告されていらっしゃいます。

また、同じ日から伊勢神宮でも陛下の御祭文を携えた勅使らによって「立皇嗣の礼」を行いますということを天照大神に奉告する御祭がありました。

今上陛下は神々、それからご祖先にも次の天皇に即位するのは秋篠宮殿下であるということをお伝えになったわけであります。愛子内親王殿下のご即位がないことは、これらからも明瞭だということなのです。

世間の一部に、皇位継承の流れを覆すような意見があるようですけれども、どう考えても、それらはすべて暴論であると言うしかありません。

「立皇嗣宣明の儀」には三権の長(*8)が参列しまして、当時の菅首相が寿詞《よごと》というお祝いの言葉を奏上しております。この儀式に合わせまして、衆議院と参議院は、それぞれ全会一致の議決によって、天皇陛下と秋篠宮皇嗣殿下に慶祝の意を表する賀詞《がし》を奉呈しております。ですから、国権の最高機関も、ほかの三権の長も秋篠宮殿下の立皇嗣をお祝いしたということであります。

現在、国会議員の中に自らも加わって奉呈した賀詞の意味合いもわからずに、愛子内親王殿下の即位を言い立てる向きがもしあるとすれば、それはとんだ心得ちがいでありますから、そこは自覚してもらいたいと思うわけです。

「立皇嗣の礼」をもって今上陛下の即位の御大典は終わりました。それをもって日本政府は有識者会議を立ち上げたという段取りになったわけです。

＊8　三権の長　三権は立法・行政・司法。三権の長とは衆議院議長、参議院議長、内閣総理大臣、最高裁判所長官の四人。立法権のみ長が二人いる。

菅〜岸田内閣で大きな進展

私のテーマは「皇位継承問題と政治」ですので、政治の場で安定的な皇位継承策の検討がどうなっているのかということについてお話しします。

菅前内閣から現在の岸田内閣にかけては大きな進展がありました。進展があることはあったんですけれども、残念ながら、今は足踏みをしてしまっている状態です。

ところで、さらに前の安倍晋三内閣時代のことですが、平成二十九年六月に上皇陛下の譲位を実現するための「天皇の退位等に関する皇室典範特例法（譲位特例法）」が国会で成立しました。その際に、皇位の安定継承や女性宮家創設などについて、特例法施行後速やかな検討を政府に求める附帯決議を国会が採択しております。

この附帯決議のうち、第一項、第二項が皇位継承策に関連する大事な項目です。

一、

政府は、安定的な皇位継承を確保するための諸課題、女性宮家の創設等について、皇族方の御年齢からしても先延ばしすることはできない重要な課題であることに鑑み、本法施行後速やかに、皇族方の御事情等を踏まえ、全体として整合性が取れるよう検討を行い、その結果を、速やかに国会に報告すること。

二、一の報告を受けた場合においては、国会は、安定的な皇位継承を確保するための方策について、『立法府の総意』が取りまとめられるよう検討を行うものとする。

このような附帯決議を衆議院・参議院で行っているわけです。

ここでのポイントは、「安定的な皇位継承を確保するための諸課題」ということと、「女性宮家の創設等」という項目を併記している点です。別の話として記しているわけです。日本の左派・リベラル勢力の中には、また一部の報道では、女性宮家の創設が皇位継承策の一つであって国会がそれを政府に検討するよう、この附帯決議で求めたのだと言わんばかりの指摘をする輩がいるようですが、そのような主張は事実に反するものです。

菅義偉内閣における有識者会議の開始

即位の御大典が終わり、この附帯決議に沿って、菅内閣が令和三年三月に有識者会議を作りました。これも正式名称は長く、「天皇の退位等に関する皇室典範特例法案に対する附帯決議」に関する有識者会議といいます。会議のメンバーは以下の通りです。

メンバー
座長・清家篤（私立学校振興・共催事業団理事長、慶應義塾学事顧問）
委員・大橋真由美（上智大学法学部教授）
冨田哲郎（ＪＲ東日本取締役会長）
中江有里（女優・作家・歌手）
細谷雄一（慶応大法学部教授）
宮崎緑（千葉商科大国際教養学部長）

この人たちが、新田先生をはじめとした他の有識者の方々を呼んで、いろいろ意見を聞いたり、議論をしたりして報告書をまとめました。

令和三年四月八日に行われた第二回目の会合では、とくに大事なことがございました。政府側は外部の有識者を呼んで、いろいろ話を聞くにあたってのヒアリング項目に関する文書を有識者会議に提出しているのですが、この中に次のような質問項目がありました。


問9．皇統に属する男系の男子を下記①又は②により皇族とすることについてはどのように考えるか。その場合、皇位継承順位についてはどのように考えるか。
①現行の皇室典範により皇族には認められていない養子縁組を可能とすること。
②皇統に属する男系の男子を現在の皇族と別に新たに皇族とすること。

これは旧宮家(*9)の男系男子の方々を対象に皇族になっていただく、いわゆる旧宮家復帰論を踏まえているものです。これによって、日本政府は文書で、今は皇族に列せられていないが皇統に属する男系の男子が現在日本におられることを公に認めたことになります。非常に大きな意味があるのです。

このとき提出された政府文書も踏まえて有識者会議の議論はいろいろ進みまして、その間に政権が変わって岸田内閣になりましたが、この年、令和三年（二〇二一年）十二月に有識者会議の報告書がまとまって、岸田首相に提出されました。

そして、翌年の一月に岸田首相はその報告書と同じ内容を政府報告として国会に提出したのです。報告書には、いろいろ書いてあるのですが、内容的に非常に大事なのは「今上陛下から秋篠宮皇嗣殿下、次世代の悠仁親王殿下という皇位継承の流れをゆるがせにしてはならない」と明記してあることです。これは、男系による正統の流れは決まっており、覆すことはない、という表明です。

報告書は「皇位継承の歴史や伝統の重みについて改めて認識を深めた」つまり、男系継承の歴史を踏まえたということで、継承順や資格を無理に変えて女性皇族、いわゆる内親

＊9　旧宮家＝旧皇族　昭和二十二年に皇籍離脱された皇族の子孫。当時の十一宮家、伏見宮・閑院宮・山階宮・北白川宮・梨本宮・久邇宮・賀陽宮・東伏見宮・朝香宮・東久邇宮・竹田宮のうち、伏見宮・久邇宮・賀陽宮・朝香宮・東久邇宮・竹田宮が現存。すべて伏見宮家の子孫。閑院宮は本来別系統だが、後継がなかったときに伏見宮邦家親王の第十六王子戴仁《ことひと》親王が後を継いだ。伏見宮について詳しくは第三章「後花園天皇と伏見宮家」を参照。

王殿下、女王殿下が即位されることはありえないという報告になっています。

この報告書はまた、悠仁親王殿下の次の代以降の継承策については、機が熟していないとして、判断を避けると書いています。

しかし、現状では皇族数がどんどん減っていってしまうので、それを確保する方策を喫緊の課題として示しました。そしてそれが、より安定的な皇位継承に資する内容になっています。

旧宮家復帰論

有識者会議では挙げられた皇族数確保案は三つありました。

皇族数確保の具体的方策
① 内親王・女王が婚姻後も皇族の身分を保持することとすること
② 皇族には認められていない養子縁組を可能とし、皇統に属する男系の男子を皇族とすること

③ 皇統に属する男系の男子を法律により直接皇族とすること

②は旧十一宮家の子孫である男系男子に養子縁組によって皇族になってもらう案です。①②を柱として、それでも足りなければ③で旧宮家の男系男子の方を直接皇族に列するという案もあると提案しています。

ちなみに①の女性皇族のご結婚後の皇籍保持案には、次のように書かれています。

> 女性皇族が皇族でない男性と婚姻しても皇族の身分を保持するという新しい制度を導入した場合、その子は皇位継承資格を持たないとすることが考えられます。また、配偶者と子は皇族という特別の身分を有せず、一般国民としての権利・義務を保持し続けるものとすることが考えられます。

つまり、女性皇族が民間出身の男性と結婚された場合、その夫も子どもも皇族の身分は与えられません。

なお、もしこの制度が定められても、法律施行前にお生まれになった女性皇族には適用しなくてよいこととなっております。愛子内親王殿下や佳子内親王殿下は、ご結婚後はご自分は皇籍を離れるというつもりでずっと育っていらっしゃったので、急に制度を変えてご結婚後の皇籍保持を無理強いすることはできないのではないかという問題意識があったそうです。

また、②の場合もなかなか慎重に考えられています。

皇位継承に関しては、養子となって皇族となられた方は皇位継承資格を持たないこととすることが考えられます。

皇族に新たに列する旧宮家出身の男系男子について、皇族にはなるけれども皇位継承権は持たれないということではどうですかと提案しています。つまり、本人には継承権がないけれども、皇籍復帰後に生まれたお子様は生まれながらの皇族でいらっしゃるので、その方から継承権が生れるようにしてはどうかという提案になっています。かなりよく練られた案だと思います。

ですから、「愛子様天皇論」ですとか、語義矛盾そのものの「女系天皇」(*10)の登場をなくし、国論の大混乱、皇統の断絶を防ぐものとして妥当な内容になっているというふうに考えられます。

有識者会議の報告書、国会に提出

岸田首相は、令和三年九月の自民党総裁選の際に、「旧宮家の男系男子が皇籍に復帰する案も含め『女系天皇』以外の方法を検討すべきだ」と表明しています。

その数カ月後のタイミングで有識者会議の報告書が出てきました。その内容を政府のものとして国会に提出し、今に至っているわけです。報告書の内容に従って旧宮家から男系男子の方の皇籍復帰が実現すれば、皇統を守ることにつながると思われます。これは岸田内閣のもとでまとまったものですけれども、安倍政権・菅政権の路線に沿ったものでもあ

＊10　語義矛盾そのものの女系天皇　現在、「女系」が男系以外の皇位継承について用いられているが、本来の意味は、母方をたどった血統のこと。愛子さまおよびその子孫の方の母方を辿ったら雅子さま以前は民間人になってしまうので、「女系」とさえ本来、言えないはず。

ります。

皇位継承問題に関しては安倍内閣当時から政府内ではいろいろ準備しておりまして、それが有識者会議の形で表に出てきたのが菅内閣ということになります。事務方でこれらの動きを支えてきたのは、元内閣府事務次官だった山崎重孝という自治官僚、総務省出身の人です。令和の御代替わりを仕切った、皇位継承式典事務局長を務めた人でもあります。有識者会議が続いていた令和三（二〇二一）年九月に内閣府の次官を退任していますが、ただちに内閣官房参与と皇室制度連絡調整総括官に任じられました。山口県の出身で安倍さんも頼りにしていた人だということです。そして岸田首相もこの山崎氏を留任させています（その後、令和五（二〇二三）年九月十三日付で内閣官房参与と皇室制度連絡調整総括官を退任）。

安倍さん、そして、今自民党副総裁を務める麻生太郎さんも男系継承が大切だと考えていて、岸田首相もその立場を取っているということですから、岸田内閣のもとでの実現が望まれるわけです。

その後、皇位継承問題の進展がない

ところが、報告書ができて国会提出に至ったところまではよかったのですが、現時点ではまだなかなか具体的な動きがなく、そこから先が見えてきていない状態です。昨（令和四）年一月の報告書の国会提出から動きが事実上止まっているということです。

その間、日本維新の会は男系継承が大事だという立場を固めています。自民党は与党の中心ですから、有識者会議の報告書、政府の報告書を尊重する立場であるのはもちろんですが、党としての決定というのはまだ見られていない。公明党は様子見しています。

皇位継承の問題が国政選挙の主要な争点になって、「いい」とか「悪い」とかで大喧嘩になるのは本来望ましいことではありませんが、あまりにも政治家に関心がなさすぎます。先般の昨年の参議院の選挙の自民党の公約を見ても、安定的な皇位継承策の確保についての言及はありませんでした。

ただ、今年二月十六日、自民党大会がありました。この時に岸田首相が自民党総裁としての演説を行ったのですが、その中で皇位継承策について「先送りの許されない課題であり、国会における検討を進めていく」と述べて、これはニュースになりました。

この文言は当初の総裁原稿の草稿には入っていなかったそうで、岸田さんの意向で直前に付け加えられたものだと言われています。ただし、その後も国会での議論は進んでおらず、今年の皇位継承についてのニュースというのはこれぐらいです。

次は国会が「立法府の総意」を打ち出す番ですが、議論が進んでいないのはとても残念なことです。皇位継承の大原則を理解しなかったり、「立皇嗣の礼」に際して国会自身が示した賀詞の重みを理解していない政党があったり、議員がいたりしているからかもしれません。

私たちは皇室をお支えするため、旧宮家の男系男子の皇籍復帰の実現に向けて、もっと声を上げていった方がいいのではないかと思います。以上です。(拍手)

倉山　榊原先生、ありがとうございました。現実政治がなかなか動かない時だからこそ、我々のような民間の立場から皇位継承について考えることが非常に重要だと思います。

第三章　「後花園天皇と伏見宮家」

今谷明

倉山　続きまして、三番目は、国際日本文化研究センター名誉教授今谷《いまたに》明《あきら》先生です。テーマは「後花園天皇と伏見宮家について」です。今谷先生よろしくお願いいたします。

（拍手）

皇位継承のあり方は時代によって異なる

榊原先生のご説明にあった旧宮家男子の復帰というのが非常に重要なテーマであるということは私も全く同感でして、大変意味のある、重みのあるご報告だったと思います。

私自身は古いところを専門としておりまして、だいたい中世から近世ぐらいの天皇家の歴史をやっております。それで安倍内閣以来、何度かヒアリングやそういう関係で政府・内閣に呼ばれたことはあるんですけれども、今日は個人としての私の意見を申し上げます。

古来、皇位継承には血筋とともに、特定のレガリア、日本では「三種の神器」といわれる八咫鏡《やたのかがみ》・天叢雲剣《あめのむらくものつるぎ》（草薙の剣）・八尺瓊勾玉《やさかにのまがたま》の継承もまた重視されておりました。

しかし、中世になりますと、平安時代末期の源平合戦期には平家が安徳天皇を伴って都落ちしますし、鎌倉末期、南北朝の動乱期の始めには後醍醐天皇が京を脱して笠置山に移られるとか、天皇その人自身や神器の移動が起こってまいりまして、それを機に、皇位継承の基準が変化してきます。この点もまた重要になってくると思うんです。

平家の都落ちでは、安徳天皇が三種の神器を帯して、京都から脱出したわけです。その後、京都の政権を復活させた鎌倉方は平家を追討しますが、その過程で安徳天皇は入水さ

平家都落ち時の皇位継承

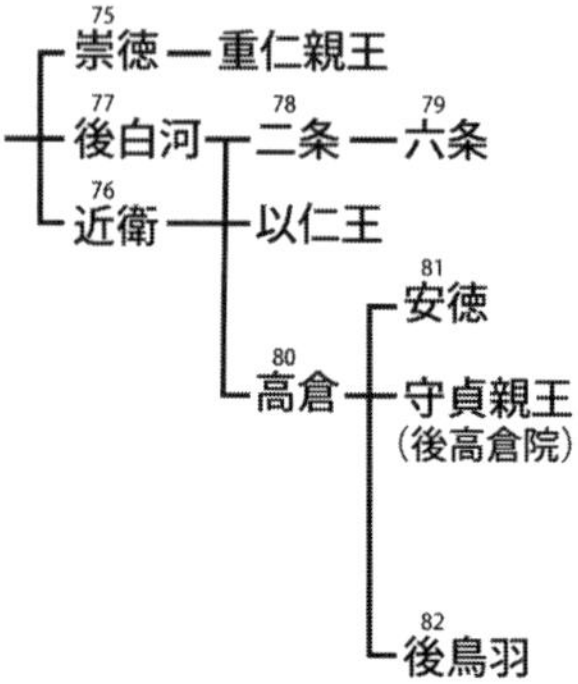

図2

れ亡くなってしまいます。天皇を取り返すことはできなかった鎌倉方には痛手です。しかも、それまで皇位継承に必要なものとされていた三種の神器もまた水没してしまいました。

そこで鎌倉方が何をもって次の天皇の根拠にしたかというと、太上天皇の伝国《でんこく》詔宣《しょうせん》です。三種の神器はもうその要件ではない、太上天皇の伝国詔宣、国を伝えるみことのり、さえあれば、三種の神器がなくても構わないということになったわけです。

図2を見てください。

それで平家が都落ちした際、安徳天皇に一番血縁の近い異母弟の後鳥羽天皇が選ばれました。安徳天皇も後鳥羽天皇もどちらも高倉天皇のお子さんであります。

三種の神器に関しては、平家の滅亡とともに水没した後、鏡と勾玉は見つかったが剣だけは見つからなかったとか、その後もいろいろあって一部現存するとか、全部失われたとか諸説あるようですけれども、形式は再び整えられ、後の天皇のほとんど（鎌倉末期と南北朝初期の二、三の天皇を除く）は「三種の神器」とともに践祚・即位[*11]されています。ただ、後鳥羽天皇は践祚・即位時に三種の神器を帯びておりません。

また、鎌倉時代の最末期に、鎌倉幕府打倒に失敗した後醍醐天皇が京都を出奔し笠置山に逃げますが、その時も後醍醐天皇は神器を持ち出しました。

そして、光厳天皇が践祚されるわけですが、三種の神器はありません。その時にどうしたかというと、後伏見上皇の伝国詔宣によって、三種の神器なしに践祚・即位されたんですね。

ちなみにこの時点で、まだ鎌倉幕府です。ですから、光厳天皇はふつう北朝第一代に数えられておりますが、実は厳密に言うとまだ「北朝」ではないんです。鎌倉幕府が擁立した光厳天皇だけが天皇であり、後醍醐天皇はその時点では天皇ではないので、南北朝が対

＊11　践祚　皇位を継承すること。現在の「即位」。
　　　即位　天皇になったことを内外に示すこと。現在の「即位礼」「即位式」。

立した訳ではありません。後醍醐天皇は鎌倉幕府打倒に成功して帰京した際、「自分は天皇を辞めたことはない」と言い出し、光厳天皇の存在を認めませんでした。

二人の天皇、二つの政権が対立した意味での「南北朝時代」の、「北朝」の初代は光厳天皇の次の、弟の光明天皇であると考えています。光明天皇が代はじめで、その後、崇光・後光厳・後円融・後小松・称光天皇へと繋がっている。光厳天皇というのは、あくまでも鎌倉時代の天皇であって、そのときの年号も正慶《しょうけい》です。この時も、実態は平家の都落ちのときの後鳥羽天皇と同じような状況での践祚・即位ということになります。

伏見宮のルーツ

今日の私のテーマは「後花園天皇と伏見宮家」でして、伏見宮家というのは、光厳上皇のお子である崇光天皇、つまり北朝の実質第二代目の天皇から始まる家でございます。

北朝は崇光天皇の後、弟の後光厳天皇が皇位を継がれ、その後の後円融、後小松、称光天皇まで後光厳天皇から直系でつながっておりました。しかし称光天皇はご病弱で、一四二八（正長元）年に子のないまま二十歳代でお亡くなりになっています。

そこで皇位をどうするかという問題に室町幕府が直面しました。非常に困難な問題であったんですが、幸い崇光天皇の傍系にあたる伏見宮家が存在しておりまして、その伏見宮家に男系のお子さんがちゃんとおられましたから、その方を天皇の位につけたわけであります。後花園天皇です。

おかげで持明院統（北朝の後身）は非常に危うい危機ではありましたが、無事に皇統を継がせることができました。後花園天皇は称光天皇からはだいぶ遠い親戚になります。そのことが問題視されるにはされましたけれども、傍系であれ何であれ、皇統の男系の血脈であれば、それを正嫡《しょうちゃく》と呼びますが、正嫡であれば、前天皇と非常に近い血縁でなくても正式な後継者となれるということになりました。

平家の都落ちの時には三種の神器を持たなくてもいいが、絶対的に前の天皇に血脈の近い男子でなければいけないという考え方がありましたが、このときには、然るべき皇統を継ぐ者であれば天皇になれるというのが原則になってきたんですね。

この考え方がいつ始まったのかと言うと、両統迭立時代です。「両統迭立」とは南北朝の動乱になったそもそもの皇統の分裂から生まれた対応策です。

鎌倉時代、北条時宗が執権をしていた頃に文永・弘安の役、いわゆる元寇があり、日本は非常なる国難を迎えました。この両役の中間に起こったのが両統迭立問題で、執権時宗が後深草上皇の出家遁世の意向に同情したのが迭立の発端です。時宗は、国難の最中に天皇家の内紛が表面化することは望ましくないと考えたのでしょう。

このようにして、結果的に、皇統が持明院統と大覚寺統の両統に分かれて対立しました。この対立は、もとはと言えば幕府が引き起こしたことです。対立が激化して幕府は持明院統と大覚寺統の両統の和談（協議）によって行うことを提案しましたが、対立は激化の一方で、やがて内乱にまで発展することになります。

この時期、皇位は持明院統（のちの北朝）と大覚寺統（のちの南朝）とでほぼ交互に移っています。これを「両統迭立」といいます。言い換えれば、亀山天皇の子孫でいくはずだった皇統を亀山の兄の後深草天皇のところに戻すというのが「両統迭立」の趣旨で、この時から天皇の即位と立太子をセットにしているのです。これを践祚《せんそ》立坊《りゅうぼう》といいます。(＊12)

この時代、践祚立坊、つまり天皇が即位されれば次の皇太子も必ず決まっておるという、そういう流れにして皇統が、天皇家が伝えられてきたという歴史がございます。

＊12　立太子＝立坊（りゅうぼう・りつぼう）　皇太子になったことを内外に示すこと。

後花園天皇の叡慮

伏見宮家がその後どうなったかと言うと、『看聞御記《かんもんぎょき》』(*13)という日記で有名な伏見宮貞成《さだふさ》のお子の後花園天皇が践祚・即位しましたのが一四二八年です。

この年は、有名な正長の土一揆(*14)が起こった年でもありますし、また同年、将軍家も代替わりして、足利義教《よしのり》が第六代将軍になっています。そういう重要な年に、伏見宮家の後花園天皇が無事に天皇家を継いで、後花園天皇の弟、貞常親王が伏見宮家を相続されることになり、そこから永代宮家(*15)が始まったのです。

*13 『看聞御記』 伏見宮貞成親王(一三七二〜一四五六。「後崇光院」の院号が贈られた)による日記。全四十四巻。一部欠損しているが、応永二十三(一四一六)年より文安五(一四四八)年まで三十三年間に渡る部分が現存する。室町時代の政治・社会・文化を知るための重要史料。

*14 正長の土一揆 一四二八年、近江の馬借の蜂起を機に、山城から畿内一帯に広がった。一般庶民が酒屋・土倉・寺院などを破壊。債権・債務の破棄を命ずる徳政を要求。「正長の徳政一揆」ともいう。

なぜ、その伏見宮家が永代宮家になったのかというのは、時の天皇であった後花園天皇の叡慮によるという資料が「伏見宮系譜」に残っています。

後花園天皇永世伏見殿御所と称すべしとの叡慮（「伏見宮系譜」より）
貞恒親王御記云、康生二年十月（虫損）日、晴。従内御使源黄門來、故院被用異紋以下之事、其儘永世當家可用、其永世伏見殿御所ト可稱叡慮之旨傳申、

この一文の史料しか残っていない。伏見宮家の家の家譜の中にチラッと書かれているだけです。

＊15　永代宮家＝世襲親王家　古代律令制においては、皇位を継がない五世以下の子孫は臣籍降下すると定められた。中世以降、皇位を継がない皇族は一世（つまり弟）から出家するのが慣例となった。しかし室町の動乱の中、皇族数の減少により皇統は何度も断絶の危機に陥った。第一〇二代後花園天皇は皇族数確保のために多くの施策を打ち、自分の出身である伏見宮家を「永世御所」とした。これが永代宮家＝世襲親王家の始まりである。明治期に永代宮家の見直しが議論されたが、存続された。日本国憲法・現行皇室典範施行後も約半年ほど存続していた。

伏見宮家が永代宮家となった背景

どうして伏見宮家が永代宮家になったか。変則的な措置でありますが、ここで、その背景を考えてみます。

これは今まであまり歴史の本に書かれていなかったんですが、その背景には、先ほど言いましたように、皇位継承に際して血が近いに越したことはありませんが、そうでなくても皇統の正嫡であるというのが非常に重要な皇位継承の要素になってきたことがあります。北朝の三代目の崇光天皇にはじまる伏見宮家が続いてきたという理由をちょっと考えてみます。

崇光天皇の崩御から後花園天皇の践祚・即位までは八〇年ほど経っています。崇光天皇の若かりし頃に観応の擾乱という南北朝の動乱の中で一番ひどい混乱が起こりました。もともと足利家の内紛としてはじまった騒動ですが、足利尊氏が南朝方の後村上天皇に帰順して、「正平一統《しょうへいいっとう》」(＊16)が成立します。崇光天皇は後村上天皇によって廃位され北朝は消滅の憂き目をみたのです。尊氏はそのまま鎌倉に行ってしまい、息子・義詮は京都を守ることができずに南朝方に一時、京都を制圧されてしまいます。

結局、南朝の天下も数ヶ月しかもたないのですが、その間に、北畠親房の計らいによって南朝方は北朝の三院廃太子四人(*17)の皇族を、吉野へ引っさらって行ってしまいました。北朝を再興することができないように皇族を全員拉致したのです。

しかし、幕府もさるもので、その後、京都を回復した足利方が前代未聞の方法に打って出ます。なんと、伝国の詔宣を出す太上天皇がおられないなら、つくってやろうと、広義門院（西園寺寧子）という女性を担ぎ出します。広義門院は故・後伏見上皇の女御であり、南朝に拉致された光厳上皇および光明上皇の母、崇光上皇の祖母にあたる人です。もう六〇を過ぎた、当時としては相当年配の御婦人ですが、その老婦人、当然のことながら最初は嫌がっています。「私はそんなややこしいところに出たくない。これは京都を放り出した足利が悪いので、私の責任ではない、そんなことは嫌だ」と言って非常に抵抗するんですが、幕府としては、とにかく天皇がいないと困るんですね。結局、幕府の要求をの

＊16　正平一統　南北朝期の正平六（一三五一）年から翌年にかけて一時的に南北朝が合体したこと。このとき、北朝方の要職を更迭し南朝方の者を据えている。

＊17　三院廃太子　光厳・光明・崇光の三上皇及び廃太子とされた直仁親王。

んで出家することになっていた孫を践祚・即位させることとなります。後光厳天皇で、崇光上皇の弟にあたります。

封建社会は親分・子分の関係

ここで、なぜこれほど幕府が天皇の権威を必要とするかという点について説明しておきましょう。

封建制の主従関係というのは平たく言って親分・子分の関係です。この体制では国家のような大規模な縦の統合体をつくることができないんですね。ヤクザは山口組とか、いろいろな組がありますけれども、全体を統括する組織はありませんよね。それも、その親分・子分の関係だからです。

封建制であることはヨーロッパも同じです。ヨーロッパはローマ帝国の理念でもって、ようやく国として繋いでいます。そして、日本は親分・子分の関係を核とする武士の世となっても、天皇をいただくことによって統合体を維持し、国家を保ってきたのです。封建制の特色として親分・子分の関係が非常に重要なんですが、国のような大きな全体をまとめるためには別の理念、大きな理念が必要なのです。

だから、室町幕府も天皇がいなくては成り立たない。それで幕府は、半月あまり十何日もかけて広義門院を口説き落として、ようやく太上天皇として政治を取り仕切ってもらうべく呼び出したのでした。

広義門院が最初に出した法律は「天下一同法」といい、これは「正平一統」の逆であります。半年前の「正平一統」で入れ替わった全ての官位・官職をもとに戻しました。幕府ではなく広義門院が正式な京都の政権、天皇家の家督として、この法律を国民に発布したわけですね。

こうして、広義門院の孫・後光厳天皇が践祚・即位することによって、北朝の再興がなりました。

やがて南朝は、拉致した三上皇と廃太子を京都に返します。南朝には四人の皇族を留め置くだけの財政的余裕はありませんし、北朝が再興されてしまった以上、いてもらう必要が無いので返されたのです。

ここで崇光上皇の立場です。武家の都合で勝手に南朝と和議して皇位を取り上げられ、あげくに拉致されて帰ってきたら、皇位は弟が継いでいる。自分こそが正統であるとの意識を持ち続け、後光厳天皇の次には息子である栄仁親王への皇位継承を望みますが果たせません。その崇光上皇・栄仁親王のお血筋が伏見宮家です。

後光厳天皇の系統は子の後円融、孫の後小松、そして曾孫の称光天皇へと繋がっていきますが、さきほど申し上げたように称光天皇はご病弱で若くして亡くなってしまいます。

後小松天皇には他にも息子がいました。「とんち小僧」として知られる一休和尚が後小松天皇の次男であります。大徳寺の住職にもなる高僧で、アニメや小説にもなっていて、とても有名ですが、実は後小松天皇の第二皇子。一休を天皇にという考えもありました。しかし、一休さんはもう僧籍に入って長いこと経っているから、不文律で天皇にはなれないんですね。そこで一休の即位を諦め、北朝としては、伏見宮家に戻るしかないということで、彦仁王《ひこひとおう》（後花園天皇）を立てて北朝の続きとしたわけでございます。

伏見宮復活の鍵は「皇統の正嫡」と「伏見御領」

伏見宮家が永世の宮家になった背景には、まず前提としてあるのが、皇統の正嫡であるという立場。これは外せない点です。しかし、これだけなら他にも傍系はあるんですね。

伏見宮家と後花園天皇をめぐる関連系図

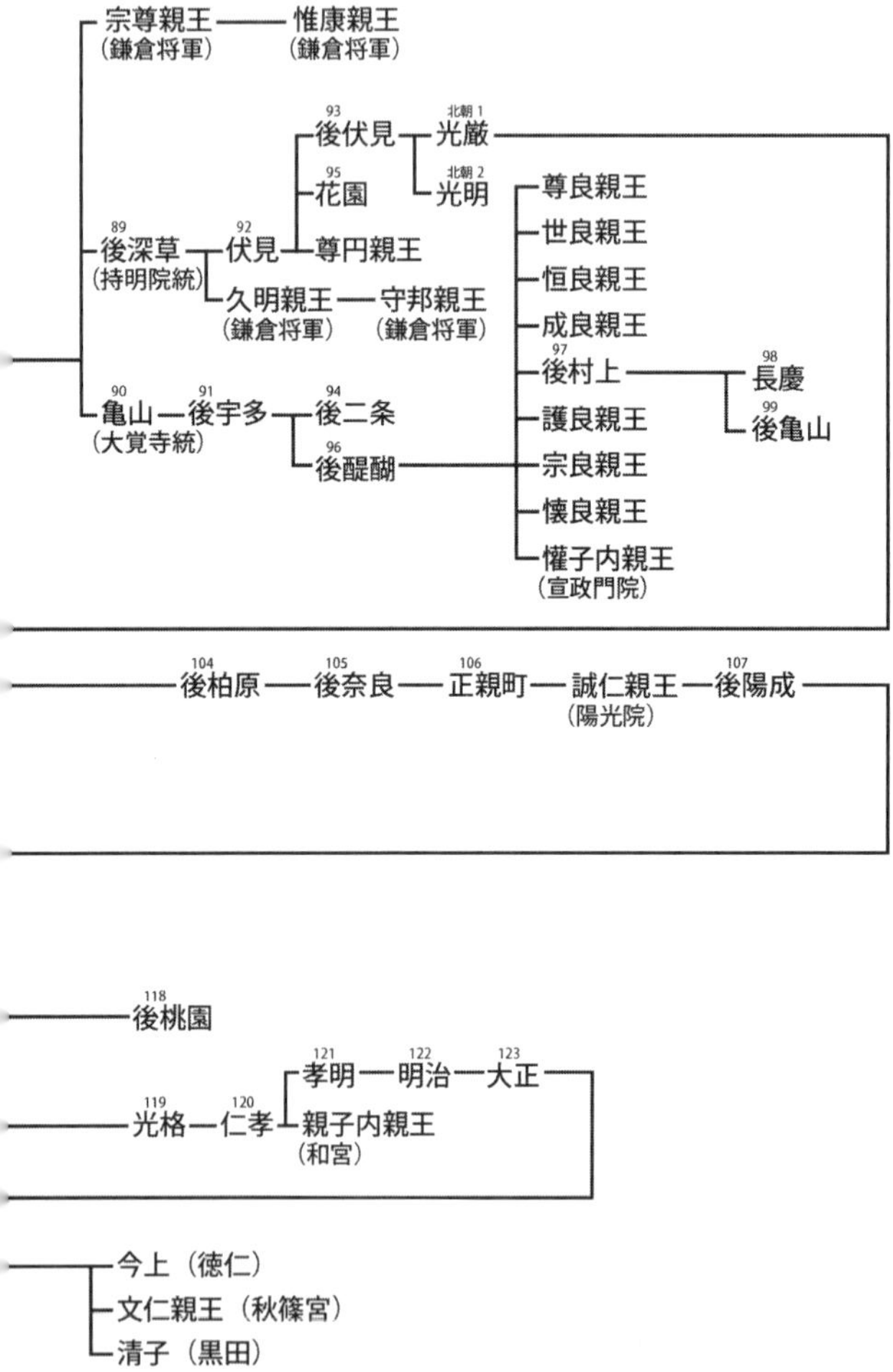

図3

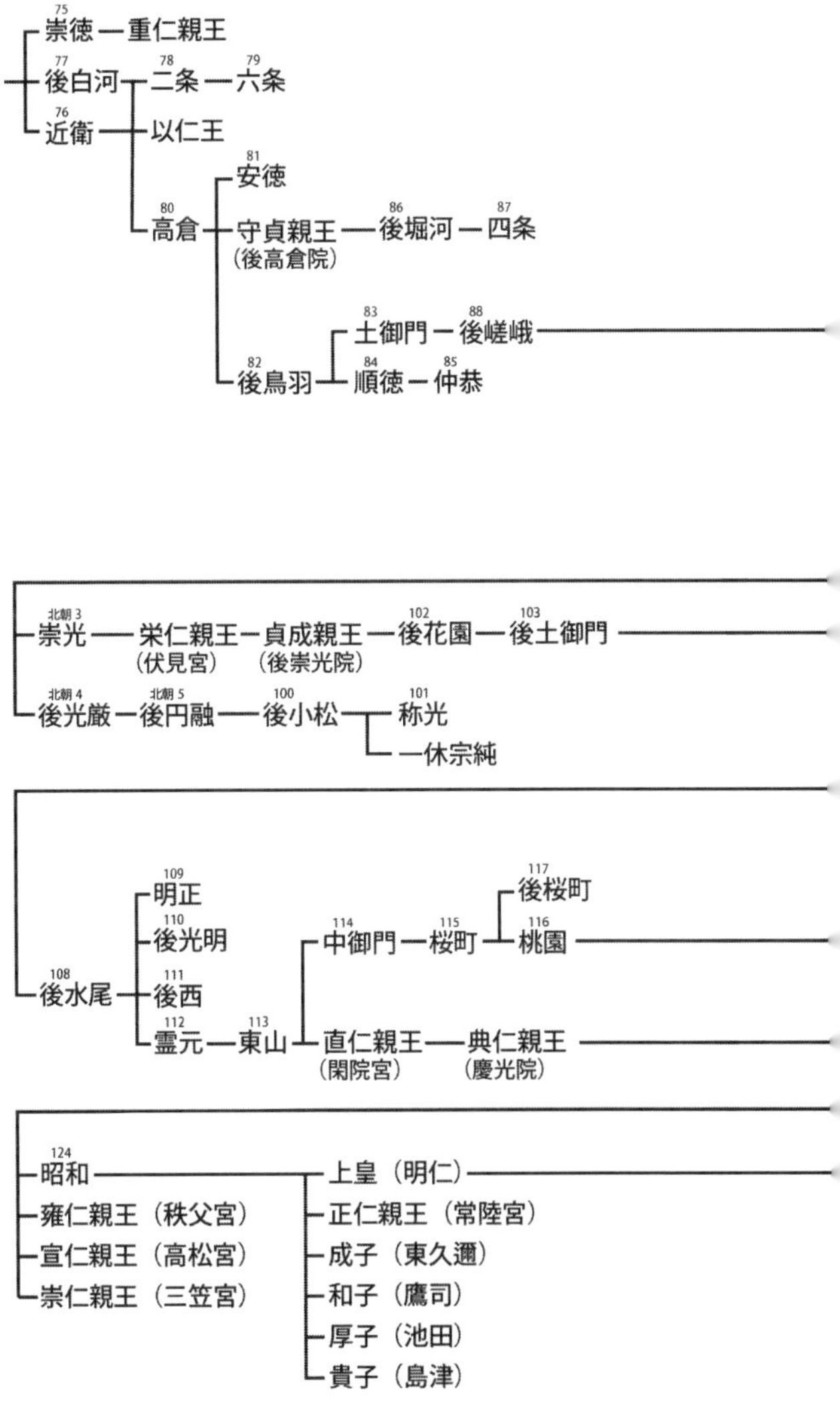
75 崇徳 ― 重仁親王
77 後白河 ― 78 二条 ― 79 六条
76 近衛 ― 以仁王
81 安徳
80 高倉 ― 守貞親王（後高倉院） ― 86 後堀河 ― 87 四条
83 土御門 ― 88 後嵯峨
82 後鳥羽 ― 84 順徳 ― 85 仲恭
北朝3 崇光 ― 栄仁親王（伏見宮） ― 貞成親王（後崇光院） ― 102 後花園 ― 103 後土御門
北朝4 後光厳 ― 北朝5 後円融 ― 100 後小松 ― 101 称光
一休宗純
109 明正
110 後光明
111 後西
108 後水尾 ― 112 霊元 ― 113 東山
117 後桜町
114 中御門 ― 115 桜町 ― 116 桃園
直仁親王（閑院宮） ― 典仁親王（慶光院）
124 昭和 ― 上皇（明仁）
正仁親王（常陸宮）
成子（東久邇）
和子（鷹司）
厚子（池田）
貴子（島津）
雍仁親王（秩父宮）
宣仁親王（高松宮）
崇仁親王（三笠宮）

では、それ以外の要素は何かというと大きく二つあります。

崇光院が亡くなった後も、伏見宮家が百年近く宮家として続いてきましたが、これはあくまでも自称宮家なんです。公に認められた親王家ではなかった。しかし、自称宮家として正嫡を強調していたので、それが後小松天皇の後、断絶した北朝に入れ替わって伏見宮家が復活した理由の一つです。

もう一つは、伏見御領と言って皇室領の何分の一か、大部分ではありませんが、とにかく天皇家の所領の一部を領有し続けていました。親王家ではないが、宮家として領有し続けていた、その事実が非常に大きかったと思います。

この二つの理由によりまして、伏見宮家が天皇家として復活でき、さらに伏見宮家そのものも以後、永代宮家として、誰が天皇になろうとも、天皇家を支える宮家として、ずっと続いていくことが後花園天皇の叡慮として決まったんだと思うんです。ただし、今までそのことに言及した歴史家は誰もおりません。そういう事情があったんではないかと私の思うところを述べた次第です。

崇光天皇の立場から言いますと、この人は一旦、吉野に連れ去られておりますが、数年経ってから南朝に釈放されています。その時の条件にですね、絶対に以後天皇にならない、皇位の野望を持ってはならないと誓約させられて釈放されてるんですね。ところが京都に戻ってきますと、すでに弟の後光厳天皇が皇位に就いているけれども、自分は「しょうとう」の正嫡だという、自分こそが本当は正統なんだという考え方があったと思います。

ですから崇光上皇の亡くなるまでの心持ち「正嫡はあくまで自分だ」との考え方が後花園天皇にもよく分かっていたと思うんですね。後花園天皇は、伏見宮家はそういう考え方で継いでいかなければならないと、きっと思われた。つまり、なぜ伏見宮が永代宮家になったのかという理由が、その辺で説明できるのではないかと思います。

私の報告は以上で終わります。（拍手）

倉山　今谷先生、ありがとうございました。

南北朝の動乱の中で上皇も天皇も皇太子も全員拉致されて皇族がいなくなるという危機の中から五十年~百年をかけて伏見宮家が永世御所となり、そして現代にまで至っているという壮大な歴史を知らなければ皇室を語ることはできません。

六百年を紡いだ旧皇族の源流としての伏見宮を巡る雄大なお話、改めて、皇室の伝統とその恐れ多さについて実感しました。

第四章

「憲法第十四条と皇位継承問題 旧皇族の男系男子孫の皇籍取得は憲法第十四条違反なのか」

山本直道

倉山　次の講演に移らせていただきます。四番目は、弁護士の山本直道《なおみち》先生です。テーマは「憲法第十四条と皇位継承問題」です。

ちまたには「旧皇族の男系男子孫が皇籍取得をすると憲法違反になるのではないか」という意見もあるようですけれども、山本先生からは法律の専門家の方としてその問題についてご解説いただくということでよろしくお願いいたします。（拍手）

憲法第十四条とは？　門地による差別？

弁護士の山本です。よろしくお願いします。

私のいただいたテーマが「憲法第十四条と皇位継承問題」ということで、まず条文を確認したいと思います。

憲法第十四条第一項

すべて国民は、法の下に平等であって、人種、信条、性別、社会的身分又は門地により、政治的、経済的又は社会的関係において、差別されない。

みなさんも学校で「公民」などの時間に習って、なじみのある文章なのではないでしょうか。下線部「すべて国民は」「門地により」差別されない、有識者会議の報告書の中でここに着目して疑義を呈している方がいましたので、これについて考えてみましょう。

問9　皇統に属する男系の男子を下記①又は②により皇族とすることについてはどの

ように考えるか。その場合、皇位継承順位についてはどのように考えるか。

①現行の皇室典範により皇族には認められていない養子縁組を可能とすることについて

皇族と、皇族ではない皇統に属する男系男子との養子縁組を制度化する際、次の点を整理する必要がある。(ア)法律（皇室典範）等で、養子たり得る資格を皇統に属する男系男子等に限定することと、門地による差別の禁止との関係。（以下略）（宍戸氏）

②皇統に属する男系の男子を現在の皇族と別に新たに皇族とすることについて

内親王・女王との婚姻を通じた皇族との身分関係の設定によらず、一般国民である男系の男子を皇族とすることは、門地による差別として憲法上の疑義がある。（宍戸氏）

（令和三年十二月二二日「天皇の退位等に関する皇室典範特例法案に対する附帯決議」に関する有識者会議　報告書より）

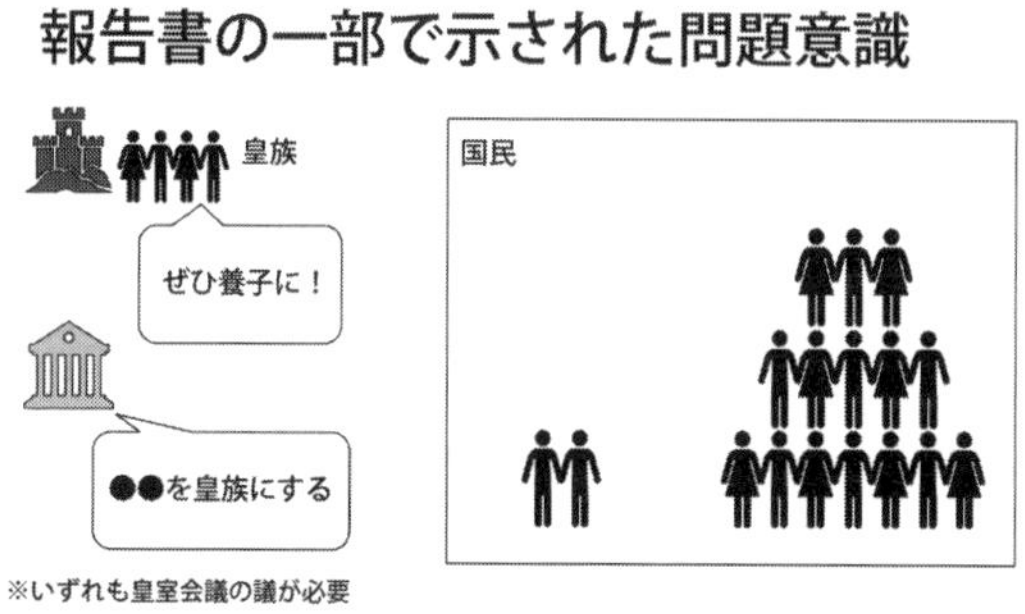

図４

これは、どういう問題意識なのかと言いますと、図4を見てください。大勢いる「国民」のごくごく一部に旧宮家の男系男子孫という方々がいらっしゃいます。その方も「国民」であることは変わりませんので、私たちと同じです。その現在は同じ国民の中のごくごく一部の家柄、まあ、ものすごい家柄なわけですけれども、その一部の家柄に着目して養子を迎えたり、皇族復帰させたりということを法改正によって行おうとするわけですから、他の多くの国民は皇族になれないのに特定の家柄、特定の門地の方だけがなるということで、これは「門地による差別」なのではないかと言っているわけです。

皇室典範への難癖は今に始まったわけではない

「そんなイチャモンをつける人、いるの？」と思われた方も大勢いらっしゃるかと思うんですけれども、実は、皇室典範に関して難癖と言いますか独自見解と言いますか、そういうことを、しかも大先生が言うということは昔からあったんです。

敗戦後、皇室典範を旧皇室典範から現在の皇室典範に改正して制定する際に、当時、憲法学の第一人者でいらした宮澤俊義・東京大学教授、すでに亡くなって久しい今でも戦後憲法、昭和憲法の権威ですけれども、その宮澤先生が委員をなさっていて次のような提案がなされていました。

（1）女帝を認める（皇統を男系に限ることは憲法14条に反しないか）

（2）一般国民は次の場合に皇族の身分を取得する

①一般国民女子が天皇（男）又は皇族男子と婚姻する場合

②一般国民男子が天皇（女）と婚姻する場合

③一般国民男子が皇族女子と婚姻し、その家に入る場合（②を認めることの帰

結）

「新憲法では男女平等を謳っているのだから女性も天皇になれるべき。女帝も認めるべきだ」というわけです。

しかも、（2）の②③の下線部ですね。

女帝が認められる以上、その女帝と結婚した一般国民の男性もまた皇族にする。そして、女帝を認める以上は、まだ女帝になっていない段階での皇族女子の婚姻についても、その配偶者を皇族にする。

このように当時も、そういうことを言った人はいたのです。みなさん、この人の名前は覚えておいたほうがいいでしょう。もう一度言います。宮澤俊義先生です。

ただですね、安心してください。そういう見解があっても、当時の国会議員といいますか帝国議会の議員の先生方は、少し女帝の否定について答弁した程度で、特にまともに取り上げることもなく、現在の男系男子維持の皇室典範が無事に承認可決されて今の皇室典範があるということです。

「歴史は繰り返す」と言いますか、今も一部の憲法学者が第十四条第一項の「門地による差別」を根拠に四の五の言っていますけれども、昔から、こういうことはあったんだということで参考にしていただければと思います。私個人としては、今の国会議員の先生方も、こういう変な意見が聞こえてきたとしても、そんな雑音を気にせずに、通すべき法案は堂々と通せばいいだけだと思っております。

「法の下の平等」を謳う憲法第十四条においても合理的な区別は許される

では、旧皇族の皇族身分の取得は「門地」による差別を禁じた憲法第十四条第一項に照らして憲法違反になるのかという問題について考えましょう。

ところで、違憲になる、ならないというのは、どう考えたらいいのでしょうか。憲法第十四条は法の下の平等を定めておりますけれども、法学部ではもう少し具体的に突っ込んだ議論をします。ちょっと難しいかもしれませんが、法適用の平等のみならず法内容の平等も要請されていると考えるのです。これを立法者拘束説といいます。法を国民全員に平等に適用すればいいというだけではないんですね。

ただ、法の内容も平等にしなければならないという要請が立法府に課せられるとはいえ、事実上、なにからなにまで同じにというわけにはいきません。性別や体の大きさ、得意分野など、個々人それぞれ違うものを持っています。お金持ちもいれば貧しい方もいる。これを「働いても働かなくても同じに」を理想としたのが社会主義ですが、その社会主義国が何をやったかというと、無理に「平等」を押し通そうとして、金持ちを殺したり、インテリを農場に送ったりしました。つまり、絶対的平等を貫いてしまえば、かえって不平等になってしまいます。

したがって、ここで言う平等とは差異に着目してはかる相対的な平等であると解されています。相対的平等が許されているのですから、合理的な区別は当然、許されるということになります。

憲法第十四条の「差別」と「合理的な区別」

では「合理的な区別」と、そうでない「不当な差別」を分ける基準はどこにあるのでしょうか。

なかには、そのときどきで裁判所が判断せざるを得ないものもあるかもしれませんが、判例の蓄積がありまして、いちおう基準がだいたい固まっております。

それは大きく二点ございまして、「区別をする立法目的に合理的な根拠（①）があり、かつその区別の内容が立法目的との関連において不合理なものでない（②）場合は、立法府の合理的裁量判断の範囲を超えるものでなく、憲法第十四条第一項違反とならない」というものです。

①②の点を審査して問題ない場合には、立法府の裁量の範囲内のものとして違憲にはならないと考えられております。そして、立法権のある立法府には憲法上、立法にあたって広い裁量が与えられていますから、なにかムチャクチャ難解で高いハードルがあって、すったもんだの末にやっと違憲かどうかが決まるというわけではないんですね。

このように整理して考えていくと、多少、すっきりするのではないでしょうか。

まず、この二点について考えていきましょう。

「皇族になる権利」はない

もっとも、私個人としては、憲法第十四条うんぬんの前に、別の見解を持っています。そもそも憲法第十四条における法の下の平等というのは、憲法の教科書を見ますと、権利の取り扱いにおいて平等でなければいけないと説明されているんです。例えば投票する権利は「投票権」、公務員になる権利は「公務就任権」、そういった一般的権利における平等のことを言っているのです。これに対して「皇族になる権利」というのはどうでしょうか。そんなものは、そもそもありません。まったく別次元の話です。「差別されない」の文言解釈なんですけれども、そういった観点からも、これはそもそも第十四条第一項違反にはならないという考え方もあると思うんです。

ただですね、本日は司法試験的と言いますか、弁護士的発想で違憲審査基準に照らして考えるというオーソドックスな考え方で説明したいと思います。

世の中の人々の発想がそちらなので、こちらもそれに合わせた理論武装をしておかないといけません。

皇室典範の条文案を考える

みなさん、皇室典範をご覧になったことがありますでしょうか。ある方もない方も、ここで具体的な条文をご覧いただいて、一緒に考えていきたいと思います。

まず、現行の皇室典範第十五条を見てください。

【現行】皇室典範第十五条

皇族以外の者及びその子孫は、女子が皇后となる場合及び皇族男子と婚姻する場合を除いては、皇族となることがない。

「女子が皇后となる場合及び皇族男子と婚姻する場合」とは美智子さまや雅子さま、紀子さまのような方々ですね。もともと一般人ですが、ご結婚によって皇族となりました。それ以外の形では、ふつうの人は皇族になれないと書いてあります。

しかし、私は次のように但し書きをつけることを提案します。

【改正後イメージ】皇室典範第十五条への但し書き

但し、皇統に属する男系の男子が皇室会議の議を経た場合はこの限りでない。

いかがでしょうか。これは私が考えたもので、実際にこのような改正案が作られているわけではないと思いますが、イメージとして、こんな感じかなと。

「皇統に属する男系の男子」という言葉を用いましたけれども、これは私が勝手に考えた用語ではなくて、皇室典範第一条にあります。

【現行】皇室典範第一条
皇位は皇統に属する男系の男子が、これを継承する。

この「皇統に属する男系の男子」という言葉を使って第十五条に但し書きをつけるというのが、旧皇族復帰案のイメージです。

もうひとつ旧皇族の方を皇族の養子に迎える養子案というのもありまして、その場合は皇室典範第九条も問題となってきます。民法で定められている一般人の場合と異なって、皇室典範第九条では、養子はできないと書いてあるのです。

【現行】皇室典範第九条
天皇及び皇族は、養子をすることができない。

あるべき条文のイメージ　養子案（第九条、第十五条）

【改正後イメージ（養子案）】皇室典範第九条
①天皇及び皇族は、皇統に属する男系の男子に限り、皇室会議の議を経て養子をすることができる。
②養子は、前項の皇室会議で定めた日より、養親の嫡出子の身分を取得する。

「養子をすることができない」を削除し、下線部のように「皇統に属する男系の男子に限り、皇室会議の議を経て養子をすることができる」と変えるといいと思います。

また、追記で②も書いているんですけれども、「養子は……養親の嫡出子の身分を取得する」にどういう意味があるかというと、これはちょっとテクニカルな話なんですが、明治の時の皇室典範と違って、今の皇室典範では嫡出子でないと皇族にならないんですよ。それとの関係で養子になった人は「嫡出子」とすると第二項で書いておいた方がいいと思います。

それから、養子になった方が皇族にならないと意味がありません。養子になりました、はい終わり、ではなくて、先ほどの十五条についても一言入れないといけません。

【改正後イメージ（養子案）】皇室典範第十五条

皇族以外の者及びその子孫は、養子となる場合、女子が皇后となる場合及び皇族男子と婚姻する場合を除いては、皇族となることがない。

女子が婚姻によって皇族になる例外に加えて、「養子となる場合は」を入れるイメージです。

あるべき条文のイメージ　養子案＋復帰案（第十五条）

次の条文は、復帰案と養子案を合わせた皇室典範十五条のイメージです。

【改正後イメージ（復帰案＋養子案）】皇室典範第十五条

皇族以外の者及びその子孫は、養子となる場合、女子が皇后となる場合及び皇族男子と婚姻する場合を除いては、皇族となることがない。但し、皇統に属する男系の男子が皇室会議の議を経た場合はこの限りでない。

私個人としては、養子案と復帰案のどちらがいいということはありません。しかし、例えば先ほど諸先生方の講演にありました伏見宮からずっときた旧宮家の男系男子孫の方、私はどなたがどうとか存じ上げませんが、長男の方は皇族復帰していただいて、次男の方は養子に入るとか、そういうふうに両方あってもいい話かなと思っています。

あるべき条文のイメージ　皇位継承資格について（第二条）

それから、ついでに説明したいのですが、皇位継承資格については現行の皇室典範では、男系男子の皇族は第二条によって、直ちに皇位継承資格が与えられ、順位も決まってしまうんですね。

【現行】皇室典範第二条
皇位は、左の順序により、皇族に、これを伝える。
一　皇長子
二　皇長孫
三　その他の皇長子の子孫
四　皇次子及びその子孫
五　その他の皇子孫
六　皇兄弟及びその子孫
七　皇伯叔父及びその子孫

② 前項各号の皇族がないときは、皇位は、それ以上で、最近親の系統の皇族に、これを伝える。

③ 前二項の場合においては、長系を先にし、同等内では、長を先にする。

それを今回の養子案や復帰案の結果、皇族になられた方々については、自動的には皇位継承者にはならないようにするために、その皇位継承の順位を定めた第二条のところに③までであるのですが、次の④を加えて、除外しておけばいいと思います。

【改正後イメージ】皇室典範第二条に付加する条文

④ 養子によって皇族の身分を取得したものは、皇室会議の議を経ない限り、本条の適用を受けない。（養子案）

④ 第十五条但書によって皇族の身分を取得した者は、皇室会議の議を経ない限り、本条の適用を受けない。（復帰案）

先生方のお話にもあったように、旧宮家の方に皇族になっていただくにしても、現在検討されている案では、その方が皇位継承者となられることはなく、次世代の生まれながらの皇族の方から継承権を持たせることになっています。

その路線に従えば④下線部の「皇室会議の議を経ない限り」は必要ないと言えば、それまでなのですが、ただ、万万が一の万万が一、どうしてもなっていただかなければいけない場合には皇室会議の議を開いてなるという余地も作っておいておいたほうがいいのではないかと思って加えた次第であります。

「皇統に属する男子」の例外的取り扱いは立法目的として合理的か

ふたたび「旧皇族の皇籍取得は憲法第十四条違反なのか」の話に戻ります。「皇統に属する男子」という特定の家柄・血筋の人物のみ例外的取り扱いを認める、その立法目的は合理的な根拠があると言えるだろうかということを考えたいと思います。

まず立法目的ですが、この場合、「皇統に属しない男子が皇族になるということを排除しつつ、皇統に属する男子を新たに皇族にすることを可能にすることによって皇族数の確保を図るとともに、将来の安定的な皇位継承を期する事が立法の目的である」と考えられます。これは私が勝手に言っていることではなく、有識者会議の報告書の内容を踏まえて私なりにまとめたものです。

ここで「将来の」と書いたのは、次世代のお子さまが生まれたときから、皇位継承資格を与えるということをイメージした言葉です。立法目的はここにあると考えられ、これは読んだだけで合理的と思う方がほとんどだと思います。実際、これは合理的です。

そもそも皇室典範第一条には「皇位は皇統に属する男系の男子がこれを継承する」と規定していますから、皇統に属する男系の男子が存在し続けないと、皇位継承ができなくなってしまうわけです。

皇統に属する男子があまりに少ないという今の状況において、皇統に属する男子が増えないと困る。増えることが望まれるわけですから、それは納得できます。

そしてまた皇室典範第二条は、「皇位は……皇族に、これを伝える」となっておりまして、「皇統に属する男系の男子」であっても、「皇族」でなければ皇位継承できないことになっていますので、皇位継承資格者を増やす観点からは、皇統に属する男系の男子を皇族とする必要があるわけです。もちろん、さきほど申し上げたように、皇族にした後、直ちに皇位継承資格を与えるか、条件付きとするか、は別途検討の余地はあるわけですが。

「皇統」は『皇室典範』を貫く原則

皇統に属するとか属しないとか、さきほどから申し上げていますけれども、この皇統に属しない男子を皇族にしないというのは、伝統や歴史に鑑みてもそうなんですが、現に条文上も皇室典範の全体を貫く最も重大な原則になっています。

重大な原則である条文上の根拠は、繰り返しになりますが、「皇位は皇族に伝えられる」（典範二条）、「皇位は皇統に属する男子が承継する」（典範一条）とされ、皇統に属しない男性は絶対に天皇になれない仕組みになっています。

また、「女性は皇族男子と結婚すれば皇族となれるが、男性は皇族女子と結婚しても皇族となれない」（典範十五条）として、国民の間に性別による区別を設けています。

それと表裏一体の関係にあるのが第十二条です。「皇族女子は、天皇及び皇族以外の者と婚姻したときは、皇族の身分を離れる」（典範十二条）とされ、結婚相手の一般男性は、皇族になれません。

このように、皇統に属しない男子というのは皇族になれない仕組みが、いくつもの条文でくどいほど書かれています。そこを理解しなければいけません。

その点、皇統に属する男系の男子を復帰させる、または、養子にする法改正は、皇室典範の重大な原則と調和し、現行制度との親和性があると言えます。

日本国憲法第二条「皇位は世襲」との関係

現行憲法でもはじめに天皇の章が設けられ、その第二条では「皇位は世襲」であると掲げられています。

そして現在の内閣法制局の解釈によると、「皇位は世襲による」とのみ定め、それ以外の皇位継承に関わることについては、すべて法律である皇室典範の定めるところに委ねたと解釈されています。この解釈自体、争いがあるんですけれども、今はゆるくこのように解釈されています。

皇室典範への委任がなされ、委任するとの条件のもとで現行の皇室典範は制定されたわけですから、当然、皇室典範が皇位の男系継承を規定することは憲法二条が許容するところであります。とするならば、皇位の男系継承を維持するための法改正というのは、憲法二条の許容するところと解されると思います。

「性別差別」を違憲と言った人はいないのに「門地差別」違憲説がかしましい

先ほどから何度も出ています皇室典範第十五条ですが、「女性は一般女性であっても皇族になれる、男性はなれない」と規定していますので、憲法第十四条第一項後段列挙事由のひとつである「性別」によって区別をしているわけです。しかし、これが違憲だという方はいらっしゃらない。これが違憲だと言ったら美智子さまや雅子さま、紀子さまもおかしいじゃないかという話になってしまいます。

「門地による差別は違憲だ」として騒ぐのならば、この皇室典範第十五条で女性が皇族男性と結婚して皇族になれるということが「性別による差別は違憲だ」と言ってもよさそうなものですが、それはない。逆に「門地による差別」が違憲なら、「性別による差別」

が違憲と解釈されていないことの説明がつかなくなってしまいます。このように整合性の観点からも門地による差別は違憲であるということは考えられません。

区別内容と立法目的「皇位継承維持」

以上で立法目的が合理的だということは、わかっていただけたと思うんですが、二番目の「区別の内容が立法目的との関連において不合理なものでないか」という点について考えていきましょう。

皇統に属する男系男子による皇位の継承を維持することを目的に立法するにあたって、皇統に属しない一般男性は皇族になれないようにしておいて、皇統に属する男系男子孫のみを皇族候補の対象とするという区別をすることは、皇室典範の第一条・第二条に照らして将来の皇位継承者を確保することになるわけですから、立法目的にかなっているということで合理的な関連性があります。

ただ、皇統に属する男系男子であればどんな人でもいいわけではありません。人柄うんぬんは置いておいて、私がここでお話しするのは、あくまでも法律論です。

ちょっと極端な話をしますと、養子案や復帰案でも、対象となるのは「皇統に属する男系男子」というだけでなく、こんな立法ではダメという意味ではさらに要件があります。

例えば結婚する気がない人とか、既婚者だけれども八十歳以上で子どもがいない人を要件としてしまったら、これはもう立法目的との関係で不合理なものになってしまいます。それは、よろしくないわけで、そんな変な要件を条文に書き込んだりしたら、違憲の可能性があるかもしれません。

しかし、既婚者ないし結婚の見込まれる若い方を、先ほどのような条文イメージでの立法の下で皇族に迎えるのであれば、将来の皇位継承者、皇族数の確保や皇統の安定という立法目的にかない、かつ立法目的と合理的な関連性もあるということになります。

憲法第十四条の合理的な例外

以上、皇位の男系継承という大原則たる重要なルールを説明してきましたが、私の提案した条文案というのは、まさに皇統に属する男子が皇族になる余地がある改正案です。

国民であった人を皇族に戻していいのかというのは「君臣の別」についての議論ですの

で、これは憲法第十四条とはまた別の話だと思います。

皇統に属する男子が皇族になる余地はあってもかまわないけれども、皇統に属しない男子は皇族になる余地は皆無としている皇室典範第十二条、第十五条によって、皇統に属する男子だけが皇族になります。そして皇統に属する男子たる皇族男子のみに皇位継承資格が皇室典範第二条で与えられ、その第二条に基づいて承継順位第一位の皇族男子が次の天皇に即位することになります。

ことほど左様に皇統に属する男子なのか皇統に属しない男子なのかは決定的に重要であって、これが憲法第二条を受けて制定された憲法附属法たる皇室典範の基本構造なのです。この皇室典範の基本構造自体がもうおかしいじゃないか、憲法違反だと言うなら別ですけれども、そうでないのなら、典範の基本構造、基本原則に親和的に、これに即して立法を行うこと、それによって国民との間に区別が生まれたとしても、それは憲法第十四条の合理的な例外として許容されるというのが、この検討の結論となります。ご清聴ありがとうございました。（拍手）

倉山　山本先生、ありがとうございました。日本国憲法とも共存をしてきた皇室の伝統を歪めることはできないことがよくわかりました。

山本先生は私が開催しております倉山塾の塾生さんでございまして、倉山塾弁護士会ということで協力していただいております。実はこの憲法第十四条の問題に関して私は倉山塾弁護士会の協力を得て、とくに山本先生との共同執筆で「旧皇族の男系男子孫の皇籍取得は憲法第十四条違反ではない」というレポートを作成しております。お楽しみに。

では、次の講演に移らせていただきます。

第五章　「秋篠宮家の現在と未来」

高清水有子

倉山　最後は、皇室評論家、公益財団法人日本文化興隆財団理事の髙清水有子《たかしみずゆうこ》先生です。私も非常に楽しみにしております。

テーマは「秋篠宮家の現在と未来」です。髙清水先生よろしくお願いいたします。（拍手）

おそまつすぎる秋篠宮家の護衛

みなさん、こんにちは。お暑い中、超満員ですね。今日の大事なテーマに関心を抱いていただいて、本当に嬉しく思います。私が今日お話しするのは、いま倉山理事長からもご紹介がありましたけれども、皇統を継ぐ唯一の宮家、秋篠宮家、そして、神武天皇から一本の糸でずっと繋がってきている悠仁親王殿下の現状、特に悠仁親王殿下に関しましては、まだ報道もされていないけれども、すごいことがわかりました。そのエピソードをご紹介していきたいと思います。

悠仁親王殿下は昨日から鹿児島県を訪問されています。お父様とお二人で、ご公務に臨まれています。ニュース映像をご覧になった方、今日何人ぐらいいらっしゃいますか。

（会場多数挙手）

たくさんいらっしゃいますね。思春期の時期にマスコミ等にあれだけ根も葉もないことでひどく叩かれても、順調にすくすくと、しっかりとお育てになっていらっしゃるご両親の努力と、そしてまた悠仁殿下の覚悟というものが伝わってまいりました。

このような状況の中で、もし悠仁殿下に不測の事態があったらどうするのでしょうと、私はここ十数年間ずっと懸念していたことを申し上げたいと思います。とても大事なことです。

護衛に関してです。図5の上図が昭和・平成の時代の護衛の状況です。そして、下図が令和になってからの体制です。皇宮警察本部のホームページを参考にこの図を作りました。

まずご覧いただきたいのは、昭和・平成の体制ですけれども、護衛部に護衛第一課・第二課・第三課とありますね。第一課が担当するのが天皇・皇后両陛下と国賓、そして、第二課は、昭和・平成の皇太子ご一家を護衛する部署、そして第三課が内廷外皇族と言われている宮家を担当するところです。

昭和の時代は常陸宮家・秩父宮家・高松宮家・三笠宮家・桂宮家（断絶）・高円宮家、平成時代には秋篠宮家・常陸宮家・秩父宮家（断絶）・高松宮家（断絶）・三笠宮家・高円宮家を護衛していました。

そして、令和の時代になりますと護衛部は護衛第一課、第二課、上皇護衛課となりました。その担当ですが、第一課に関しては前の時代と同じで天皇・皇后両陛下と国賓をお守りします。そして、第二課が皇位継承者がお二方いらっしゃる秋篠宮家の護衛を専門にするかと思えば、なんと前の時代の第三課がそのまま「内廷外皇族」である秋篠宮家・常陸

図5　皇室の護衛体制

<昭和・平成の体制>

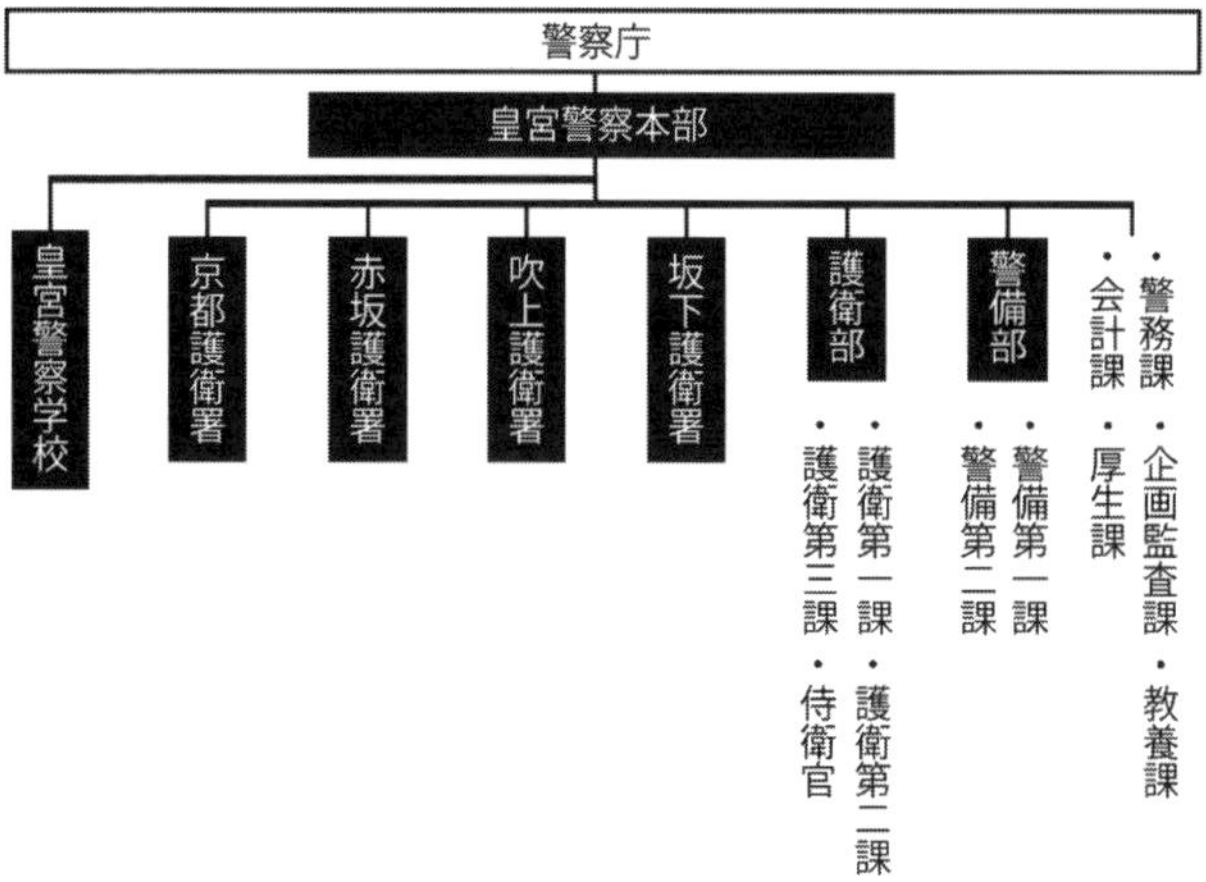

<令和の体制>

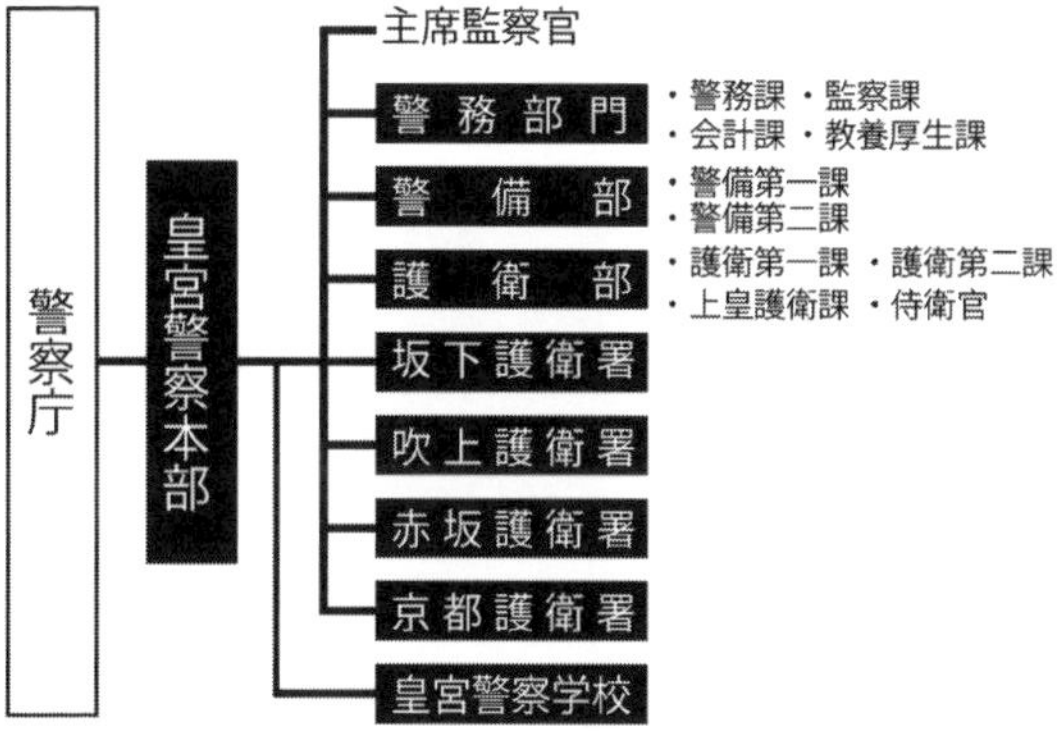

宮家・三笠宮家・高円宮家のすべての護衛を担当しています。昭和・平成時代にあった東宮という皇太子ご一家を護衛する部署がないんです。新たにできたのが上皇護衛課です。

去年（令和四、二〇二二年）の七月、みなさんもご存じのとおり、安倍元総理が暗殺されるという大事件がありました。皇室ともゆかりの深い奈良という地で起きました。私は「歴代総理も守れないで皇位継承者を守れますか?」と大変心配になってしまいました。

数々の事故・事件後も変わらない皇室警護

護衛に関しては、私は以前から疑問に思っていたので、これまでも何度か宮内庁や皇宮警察の担当筋に確認をしております。

まず、令和三年三月に宮内庁の総務課報道室に説明を求めました。「平成から令和に変わって、秋篠宮家は皇嗣家としてとても大事な宮家です。皇位継承者が二人もいらっしゃるのに全部ひっくるめて他の宮家と同じ護衛の体制で大丈夫なんですか?」ということを確認いたしました。

すると、こんな答えが帰ってきました。「長年にわたる数多くのお成りの積み重ねの中で、国民生活への影響を考慮するなど数々の工夫が凝らされて出来上がったものであり、問題点も特にないと考えている」ということなんです。

しかしながら、平成の時代に、悠仁親王殿下が高速道路で交通事故に巻き込まれたことがありました。私、あの時にはですね、事故そのものは本来あってはならないことですけれども、災い転じて福となることを期待したんです。あの事故に関しても白バイが一台ついているだけで防げたんですから。これでやっと護衛もきちんとした体制になるのかなと思いきや、「ドライバーの腕が未熟だったから」ということで、結局のところ護衛の体制は変わりませんでした。

そしてまた令和時代に入る直前に悠仁親王殿下が通われている中学校の教室で悠仁親王殿下の机の上に刃物が置かれるということがありました。この時もまた、これを機にしっかりした護衛体制ができるかと期待したんですが、今もって、まったくできていない。

それにも関わらず令和三年の時点で、さきほど申し上げた宮内庁総務課報道室の説明によると「問題点は特にない」との認識なのです。

そして、昨年、令和四年六月の時点でも護衛の体制は変わりませんでした。内廷外皇族と言われている宮家の護衛に関しましては、後方に一台、警察車両がつくだけで、交通規制は敷かれません。交通規制というのは、信号を青信号にするなどのことなんですが、令和四年六月の時点でも一般車両と同じ、つまり、信号が赤になると停止します。この間に何かあったらどうするんでしょう。とても心配になりました。

そして今回、みなさまにお話しする前に改めてこの護衛の状況について、皇宮警察本部とそれから警察庁に電話取材をしました。つい二週間ほど前のことになります。まず皇宮警察本部にこの件について質問をしたんです。特に、護衛第二課の役割についてです。そしたら広報室のハラダさんという方なんですが、こんなふうに返ってきました。「護衛第二課は皇嗣・同妃両殿下ご一家とその他の内廷外皇族を担当しています。そして、交通規制については、各都道府県の対応に任せています」と。次に警察庁にも電話をして確認をしたんですが、「護衛・警備のことについては、お答えできません」という答えが返ってきました。

つまり、まとめるとこういうことです。

・皇嗣家はあくまでも内廷外皇族であって、宮家の護衛態勢となっている。
・交通規制をする決まりも約束もない。

・交通規制については各都道府県の所轄の判断に任せる。

また、元皇宮警察本部長の小田村初男氏にこの件についてご意見を伺いました。お名前を出してお話をしていい旨、許可をいただいておりますのでご紹介します。

まず小田村初男氏は、平成十六年から十八年に皇宮警察本部長をお務めになった方です。言論界でも有名な元拓殖大学総長・小田村四郎氏の甥にあたる方です。

小田村初男氏は「このような今の体制では皇嗣家の護衛が手薄だ。お役所事情なのか何なのかわからないけれども、おかしい。本来であれば、昭和・平成の第一課、第二課、第三課に加えて上皇護衛課ができるはず。これだったらわかる」というふうにおっしゃっていました。

先日、六月二十九日、秋篠宮・同妃両殿下のご結婚記念日ということで、いつも通りお祝いに参りまして、今の護衛体制についてどうなっているのかと宮務官に確認をしました。そうしましたら、秋篠宮家、皇嗣家に関しては、「現在は前と後ろに警察車両が一台ずつ、付くようになったから心配ない」と言ったんです。いえいえ、交通規制が敷かれていないということは、赤信号では止まって、隣に車両があるわけですよね。そういうことに対しての懸念を多くの国民が持っていて心配しているので、「この辺りのところは改善した方がいいのではないんですか」ということを直接宮家に申し上げました。そしてまた事前の打ち合わせの時に倉山理事長はじめ研究員のみなさまと話をした中で、やはり皇嗣護衛課は絶対に必要であるという結論にいたりました。みなさまもそう思いませんか。

（会場拍手）

そうですよね。この点は私も引き続き主張し続けます。これから選挙もありますので、いい形でなにか政治家のみなさまにも展開していかなくてはいけない喫緊の課題であると思います。これは憲法改正などよりも、ずっと簡単にできることで、今日、今すぐこの時からでも変えて欲しいものです。冒頭ちょっと力が入ってしまいましたけれども、お集りの皆様と思いを共有できたことは心強いことです。

悠仁親王の着袴《ちゃっこ》の儀　綴じ糸でわかる正統な継承者の証

ところで今、書店に行きますと『愛子天皇論』（小林よしのり、扶桑社、二〇二三年）という漫画や『愛子天皇待望論』（副島隆彦、弓立社、二〇二二年）などという本も出ています。これは悠仁親王殿下がお生まれになる前でしたら、少し考えてもいい事柄かもしれません。ただ、悠仁親王殿下という正統な皇位継承者がお生まれになったのですから、少なくとも悠仁親王殿下の世代までは女系・男系というのは終わった話であって、その次の世代以降に向けて考えていかなければなりません。

ところで、平成の御代の天皇陛下のこれからの皇室への期待の気持ちが、ある一点を見るだけで、すぐに伝わることがあるんです。それは着袴《ちゃっこ》の儀。

これは民間では七五三にあたる子どもの成長をお祝いする儀式なんですが、皇室の場合には男のお子様も、女のお子様も五歳の年に行われます。そしてお召になる装束は、山科流と高倉流があり、山科流は天皇と皇太子のみ着用するならわしです。見分け方は、襟元の綴じ糸です。山科流は縦十字、プラス（＋）の形になります。そして高倉流は動きやすくて武士や神職などが使う装束で、斜め十字（×）になっています。

次ページの写真は季刊誌『皇室』からのものなんですけれども、今上陛下は黄櫨染御袍《こうろぜんのごほう》を御召しになっています。陛下の右肩側の襟元をご覧いただきますと、綴じ糸が縦十字になっています。そして、皇太子のお立場である秋篠宮皇嗣殿下が御召しになっているのは黄丹袍《おうにのほう》です。この装束のお色は皇太子のみに許されるもので、やはり綴じ糸が縦十字にな

山科流（襟元の綴じ糸　縦十字＋）

高倉流（襟元の綴じ糸　斜め十字 X）

っています。

ちなみに、神職の方などが着用する高倉流の綴じ糸は、上の写真のように斜め十字となります。

平成二三年十一月三日、悠仁親王殿下の着袴の儀が行われました。秋篠宮殿下以来、四十一年ぶりに行われた親王殿下の着袴の儀、深曾木《ふかそぎ》の儀でした。十一月三日という明治天皇ゆかりのこの日（＊18）を選ばれたことも、当時の天皇陛下とご両親の秋篠宮同妃両殿下の気持

＊18　明治天皇ゆかりのこの日　十一月三日は明治天皇の誕生日。現在「文化の日」と呼ばれ、祝日として残っているものの、この日は昭和二十三年に廃止されるまで「明治節」と呼ばれ、明治天皇の遺徳を偲ぶ日であった。

着袴の儀

2011年11月3日　悠仁殿下　着袴の儀のご様子（季刊誌『皇室』より）

ちが伝わってまいります。

この時の悠仁親王殿下の襟元の綴じ糸、縦十字になっています。これに有職故実の専門家が特に注目しました。

悠仁親王殿下の装束は当時の天皇陛下、つまり、現在の上皇陛下から贈られたもの。その装束の綴じ糸が縦十字になっているということですから、有職故実の専門家の方々は声を上げて「そうなんだ。やはり皇位を継ぐのはこの方であり、そしてまた天皇陛下のお気持ち、言葉では表さないけれども、このように行動でお示しになっているんだ」と感嘆の声があがりました。

上皇陛下をはじめ皇室の方々のご意思が、こちらを見ただけでわかります。どうぞみなさま、この画像を目に焼きつけておいてください。

出羽三山神社

出羽三山神社公式 HP より

そしてまた来年、悠仁親王殿下は十八歳のご成年をお迎えになります。そして「加冠の儀」と言いまして、成年皇族となった親王殿下の成年の儀式が行われますので、改めてご注目していただきたいと思います。（高校をご卒業後の令和六（二〇二四）年三月以降に催行予定）

皇室のお立場として上皇陛下、平成の御代の天皇陛下が、この装束一つで、これからのこと、これからへの期待をお示しになっていらっしゃるのが伝わってきます。このことに着目しているメディアは少ないと思いますので、会場のみなさん、これを知らない周囲の人々に、ぜひ伝えていただきたいと思います。

出羽三山の開祖は皇族

また、私がよく聞かれることのひとつに、「帝王教育、どうなっているんだ?」というものがあります。心無いマスコミ報道を信じた方々が悠仁親王殿下およびご両親である秋篠宮同妃両殿下を非難する意図での発言です。

その件に関しては、これもまだ報道されていませんけれども、悠仁親王殿下の出羽三山ご訪問のエピソードをお話ししたいと思います。

出羽三山を開山した方は、実は皇族です。東北で唯一、皇族の御旗・お墓が、実は、出羽三山にあるんです。ここで、出羽三山神社の公式サイトより由来を紹介いたします。

日本の原郷【千四百年の歴史を刻んだ〝日本人の心のふる里〟】

『推古天皇元年(五九三年)、遠く奈良の都からはるばる日本海の荒波を乗り越えて一人の皇子がおいでになられた。

第三十二代崇峻天皇の皇子・蜂子皇子《はちのこのおうじ》、その人である。

イツハの里・由良《ゆら》の八乙女浦《やおとめうら》に迎えられ、三本足の霊烏《れいう》に導かれて、道なき径をかき分けたどりついたのが羽黒山の阿古谷《あこや》という、昼なお暗い秘所——。

蜂子皇子はそこで、来る日も来る日も難行苦行の御修行を積まれ、ついに羽黒の大神・イツハの里の国魂「伊氏波神《いではのかみ》」の御出現を拝し、さっそく羽黒山頂に「出羽《いでは》神社」を御鎮座奉られた。』（出羽三山神社公式サイトより）http://www.dewasanzan.jp/publics/index/6/

推古天皇元年に「遠く奈良の都からはるばる日本海の荒波を乗り越えて一人の皇子がおいでになった」のが、第三十二代の崇峻天皇の皇子である蜂子皇子（はちのこのおうじ、一般的には「はちこのおうじ」とも）です。この蜂子皇子はイツハの里の由良の八乙女浦に迎えられまして、そこで三本足の霊鳥、つまり八咫烏《やたがらす》に導かれて、この羽黒山においでになって修行をしました。つまり、出羽三山を開祖したのが、この蜂子皇子で、実際にこちらにお墓もあるんです。

蜂子皇子が、なぜこの東北の地に行くことになったかと言いますと、実は崇峻天皇が五九二年十一月三日に蘇我馬子に暗殺されて、崇峻天皇の息子である蜂子皇子も危ないということで、聖徳太子によって匿われ宮中を脱出し、馬子から逃げるために北陸道を下り、能登半島から船で日本海を北上して、山形県鶴岡市の由良の浦にたどりつかれたのです。ちなみに蜂子皇子の父・崇峻天皇と聖徳太子の父・用明天皇が兄弟ですので蜂子皇子と聖徳太子は、いとこ同士の関係にあります。

悠仁親王、出羽三山をご訪問

なぜ私がこの話をしているかと言いますと、悠仁殿下が、令和五年六月十八日に、この出羽三山においでになりまして、そして、蜂子皇子の御墓もお参りになっているんです。出羽三山・二四四六段の石段をしっかりと登られて、斎館にもお泊まりになったそうです。東北で唯一の皇族の墓が出羽三山にあるということは、地元鶴岡のみなさんにもあまり知られていないそうです。鶴岡の荘内神社宮司の石原純一氏にお聞きしましたら「市民も神職もそういう意識はない。お恥ずかしい限り」というふうにおっしゃっていました。

しかし、悠仁親王殿下は、皇室の歴史を自ら調べて、出羽三山に蜂子皇子ゆかりの史跡・神社があるということをお知りになり、「行きたい」と希望され、その気持ちを実現なさったんです。

ご訪問にまつわる特に印象的なエピソードがあります。第一〇四代の別当宮司でいらした宮野直生氏によりますと、ちょうど悠仁親王殿下が蜂子皇子御墓のお参りにいらした時に、なんと、さっきまで晴天でしたのに急に雲が立ち込め、風が吹いてきて、激しい雨が降り、雷が鳴ったそうです。「これは風神雷神、八百万の神々が悠仁殿下を歓迎しているんだ」と、宮野別当宮司はそんなふうにおっしゃっていました。私も、まさにそうだと思いました。

蜂子皇子は能除太子と言われています。般若心経の後半に「能除一切苦《のうじょいっさいく》　真実不虚《しんじつふこ》　故説般若波羅蜜多呪《こせつはんにゃはらみったしゅ》」という文言があります。蜂子皇子は「能除一切苦」、つまり、一切の苦を除く力があったとされます。悠仁親王殿下は、蜂子皇子が人々の病や苦悩をよく取り除いたことを知った上で、この地を訪れられたのです。

令和の時代、多くの国民がコロナで苦しみ、大変な状況になっている中、まさにいま、悠仁親王殿下は病や苦悩に悩む人々を助けた蜂子皇子の存在を調べて、出羽三山に足をお運びになって、お参りをなさったのです。

「帝王教育、どうなってるんだ?」「頼りない」などという声に対して、私は、そんなことはない、しっかりと自分の立場を自覚されておられる、と声を大にして言いたいのです。悠仁親王殿下が、一般的に知られていない事柄をお調べになって、そして、自ら山深い出羽三山においでになっている。この事実だけでも、将来の天皇陛下はなんと頼もしい方でいらっしゃることか。みなさまもそう思いませんか。（拍手）

時間もあまりなくなってまいりました。本当はもっといっぱいお話ししたいことがあるんですけれども、限られた時間内で悠仁親王殿下が立派にお育ちになっていることがよくわかるエピソードを厳選してお伝えさせていただきました。

やはり生まれながらの皇位継承者のご覚悟は違います。どうかみなさま、ご安心くださいませ。ご清聴ありがとうございました。（拍手）

倉山　高清水先生、ありがとうございました。週刊誌等で報道されることと、実際の秋篠宮家のご様子は全く異なるものなのだということを改めて痛感させられるエピソードでした。

以上で第一部を終了いたします。

第二部

クロストーク
皇位継承問題について

司会・倉山満
登壇者：新田均
榊原智
今谷明
山本直道
髙清水有子

倉山　定刻となりましたので、第二部を開始いたします。第二部の司会も第一部に引き続きまして、救国シンクタンク理事長兼所長の倉山満が務めます。どうぞよろしくお願いいたします。（拍手）

第二部は皇位継承問題について、第一部でご登壇頂いた先生方にいろいろな意見を交わしていただこうと思います。クロストークということで、一人ずつ、他の先生に一つ質問していただきたいと思います。まず、新田先生、どなたにご質問なさいますか。

「立皇嗣の礼」に思う儀礼の重み

新田　質問というか、榊原先生の先ほどのお話で「立皇嗣の礼」が行われたことがいかに大切だったたか、その意義を改めて感じました。私自身は、すこし軽く考えていたなと思いました。また、上皇陛下が譲位のご意思を表明なさらなければ、「立皇嗣の礼」もなかったと考えると、非常に不思議な感じがします。

昔、私に、儀礼の意味を「契約」という観点から教えてくださった方がいました。文字や紙がない時代は、契約が成立したことや、それが存在していることを何によって周知させるか、確固たるものにするかが問題でした。そこで、行われたのが儀礼だったというのです。

儀礼によって多くの人々に決まり事が認知され、周知されて、確かなものにされたのです。したがって、特に古代においては儀礼は大切でした。天皇の即位に際して儀礼が行われることによって、確かにこの方が位に就かれたのだということを万人が認めることになる。それとの関連で、先ほど榊原先生がおっしゃった「立皇嗣の礼」が行われたこと自体の意味をもっと重視すべきだと感じました。

倉山　質問というより感想をいただきましたけれども、榊原先生、「立皇嗣の礼」の重みについて、改めてお願い致します。

榊原　私こそ、新田先生の今の「儀礼の重み」のお話を伺って、改めて感じいったところです。そもそも「立皇嗣の礼」にとても大きな意味があると思ったのは、実は、譲位特例法の条文を読んでいたときに、例えば、上皇陛下を「上皇陛下」とお呼びするとか、いろいろな規定があるんですが、「皇嗣」を置くという条文もあって、そのなかに「皇嗣」というのは、要するに「皇太子」と同じであると書いてあったんですね。

それで「この特例法は秋篠宮殿下が次の天皇陛下となることも定めている法律で、あえてわかりやすく書いているのだな」と思ったんです。つまり、国会が議決したのですから、議決に関わった議員ひとりひとりが皇室典範に関する特例法で、秋篠宮殿下が継承者であることも表明したということです。

その認識があったので、「立皇嗣の礼」を見て、これは大事なことであると思った次第です。

倉山　では、榊原先生から他の先生への質問をお願いします。

悠仁親王、トンボ研究で実績

榊原　では、髙清水先生に伺いたいと思います。知り合いの知り合いからのまた聞きなのですけれども、お茶の水女子大付属の学校に通われていた生徒さんの話で、「殿下のクラスにすごく優秀な方がいる」という話が聞こえて来ました。それを教えてくれた人は「殿下だよ」という言い方は直接的にはしなかったのですが、よくよく聞いていると、「殿下のことだな」と分かるような話でした。

ところが一方、週刊誌等を見ると非常に何かおかしな記事が散見されますよね。私の持っていた殿下のイメージと週刊誌が報じるものがあまりに違うので、実際どうなんだろうという疑問がわいてきました。髙清水先生に、それに関連した事例・エピソード等があれば教えていただければと思います。

髙清水　週刊誌、ひどいですよね。「どうしても東大に入れたいので高下駄を履かせて筑波大学附属高等学校に入れた」とタイトルをつけて報道している週刊誌があります。これは事実無根の大嘘です。「(お母様でいらっしゃる) 紀子殿下がどうしても息子を東大に入れたいんだ」というニュアンスで週刊誌に書かれていますけれども、私、妃殿下と直接、話をした時に「私はそんなふうに言ったことも、思ったこともないのよ」とおっしゃっていました。私がご本人に確認したので間違いありません。

悠仁殿下に関しましては本当に優秀です。成績表を見たわけではないので、学校での数値的な評価は存じ上げませんけれども、研究心が旺盛で、特にトンボに非常に興味がおありです。

今回、鹿児島にいらっしゃって同年代の若者と交流なさったのですが、その際にカブトムシを調べた高校生の発表をお聞きになりました。そして、発表者と悠仁殿下が直接、会話をした時に、「私はトンボに興味があります」とおっしゃっています。

このトンボに関しまして、実はすごい成果を出されているんです。赤坂御用地の中でモニタリングをして、トンボの種類を区分けなさいました。その生態調査中に悠仁殿下が発見した新種のトンボがあるんです。現に、国立科学博物館の赤坂御用地のトンボ類というところに悠仁殿下が発見したトンボが紹介されています。

つまり、学者肌でいらっしゃる。これはもうお血筋ですね。昭和天皇もご幼少の頃から生物を研究することに興味をもたれて生涯にわたって標本収集や分類学研究をなさいましたし、上皇陛下は魚類、とくにハゼ類のご研究をされています。また、今上陛下は水のご研究をなさり、講演集が本になっています（『水運史から世界の水へ』ＮＨＫ出版、二〇一九年）。そして父君の秋篠宮皇嗣殿下も魚や鶏をはじめ生き物と人間の関わりについて研究なさっています。

悠仁親王殿下もまた、小学校時代から研究者としての資質を発揮されています。ひとつのことを深く調べるのは、すごく地味で大変なことですが、根気よく続けられています。トンボの研究もそうですし、また、漢字に関しても画数の多い漢字が好きなんだそうです。私たち、なかなか画数の多い漢字ってパッと書けないことも多いですが、そういうのもご関心があって、スラスラスラとお書きになる。

ご優秀というのは、やはり、そういうちょっとしたエピソードからも伝わってきているので、榊原先生がおっしゃっていたそのクラスの中で「すごく優秀な方」というのは、もしかしたら殿下なのかなと、私もそんなふうに感じました。おそれいります。

皇位継承問題を進める上での政治上のボトルネック

倉山 ありがとうございます。では、山本先生、どなたにご質問を?

山本 私、政治のほうには疎いんですけれども、榊原先生に国会および国会議員が実際にどう動いているのか、お伺いしたいと思います。有識者会議のきっかけとなった「天皇の退位等に関する皇室典範特例法案に対する附帯決議」には、「立法府の総意」が取りまとめられるよう検討するようにとあります（四六頁参照）。

こういう性質の問題ですから、より多くの議員、会派が賛成するに越したことはないわけですが、「総意」と言っても、現実にはひとり残らず全会一致の大賛成で決まるというものではないと思います。私個人的には、もう、決めると決めたら決めるべき事柄なのではないかと思っております。

そこで、実際問題、その反対派と言いますか、各党の動きですね。本日の榊原先生のお話では、日本維新の会は男系継承に肯定的な立場を固めたが、自民党は党としての決定はしていない。公明党は静観しているなど、いろいろあるようですね。

そこで伺いたいんですが、そのボトルネックになっているようなところとか、あるいは、各党の中でもキーパーソンと言いますか、実力者で止まっているとか、ここを抑えれば進むとか、そういったところで何かわかっていることが、あるんでしょうか。

榊原　国会には衆議院と参議院がありますが、議長の役割が非常に大きいんです。しかし、今の衆議院議長の細田博之さんには、いささか個人的な問題が取り沙汰されていて、各会派から批判されています。本当は細田さんが音頭を取って、各党・各議員に呼びかけてやっていかなければいけないのですけれども、そこが衆議院としては残念な状況になっているということが一つあると思います。もっとも、いずれ議長は交代していきますので、そうなると状況がまた大きく変わるかなと期待したいところです。

それから、野党の動向ですね。立憲民主党は今、党勢は振るわないんですが、依然として野党第一党です。この党の中でも、まあ、いろいろな考え方があって、共産党みたいな人から自民党の保守と言ってもおかしくないような人までいます。その立憲民主党の中でも、元首相の野田佳彦さんですね、野田さんは皇室に対する思いはすごくあるんですけれども、一方で、皇位継承問題については、女系に容認的なお考えではないかと言われています。ここら辺の大御所が、どう言われるかということで、立民の党内での集約が、どうなるのかという問題も一つあります。

それから、政党は毎日のように政争しているわけです。党内あるいは各党間で敵味方入り乱れ、日々の政治問題で喧嘩をしているので、なかなか「皇位継承」という、できるだけ幅広い合意のもとで決めていかなければいけない課題に取り組むのが難しいわけです。

もちろん日本の元首・象徴である天皇陛下に関わる話ですから、その環境整備というのは本当に細心の注意を払ってやらなければいけないんですが、今はまだ、政界の目がそこまで向けられていないという状態です。そこが残念ですね。岸田さんも自民党の党大会では、さきほどご紹介したように「先送りの許されない課題であり、国会における検討を進めていく」と発言されているので、もう少し強くリーダーシップを発揮してもらえないかなと思っています。

倉山　ありがとうございます。では今谷先生、どなたに質問をなされたいですか。

今こそ欲しい新井白石

今谷　いや、あの、私の専門外の話ばっかりであれですが、産経の榊原先生のお話が私には一番面白くて、やはり政治家がどういうふうに皇室を支えていくのかという問題ですね。例えば、江戸時代でも新井白石(*19)のような人は伏見宮家だけでは危ないということで、閑院

＊19　新井白石（一六五七〜一七二五）　江戸時代の学者・政治家。徳川家宣・家継時代の政局を運営。その政治改革は「正徳の治」と言われる。東山天皇の第八皇子直仁《なおひと》親王を立てて閑院宮家を創設。

宮家を立てて、そこから次の皇統を出したというような事実もあります。政治家の人々には、皇室にもっと関心を持ってもらいたいというようなことを前から思っていまして、今日のお話に非常に感銘を受けました。

榊原　そうですね。あの新井白石のような政治家が今こそ出ないといけない。これは倉山先生も前からおっしゃっている話ですけれども、実は皇位継承の問題を解決すること、皇位継承の在り方をきちんと固めるということは、ものすごい業績であって、歴史に残る偉業になるはずなんですけれども、それが分かる政治家が今、どれだけいるのか。そこが、現代日本の問題だと思います。皇位継承問題こそ、なにより優先すべき課題なんだという強い意思を持つ政治家が多ければ多いほど話が進んでいくわけで、逆になかなか進んでいかないところを見ると、そうではないという現実がある。

この問題を取り上げることによって、ある意味、批判も浴びますからね。「火傷《やけど》する」という言い方がありますけれども、まさに「火傷する」かもしれないテーマなんですね。しかし、そこをあえて日本のため、皇室のために尽くそうと思う政治家がもっともっと出てこないといけない。その意思を岸田総理にも、もっと強く持ってもらいたいと思っています。

簡単なことではないと思います。

長期にわたる安倍政権、いろいろな実績がありますけれども、皇室問題に関しては積極的役割を果たせなかった面があります。私は、安倍政権にはとても期待していたのです。安倍さん、首相としては一番長くおやりになった方ですが、その安定した安倍政権の間でもスムーズに実現できなかったことが実はあって、例えば、上皇陛下のご譲位です。譲位については内々いろいろ宮中からサウンドがあったけれども、なかなか取り上げないままで来ていたところにＮＨＫの報道(＊20)があって、国民が知るところになった。そして、国民世論の後押しで、やっと譲位を叶えて差し上げなければならないということになった。国民世論に押されて政権が動いたというのが実際のところなんですね。

＊20　ＮＨＫの報道　平成二十八（二〇一六）年七月に『ＮＨＫニュース７』が天皇の譲位の意向を報道。宮内庁側はいったんは否定。しかし、ＮＨＫはさらに八月八日、陛下によるビデオメッセージ「象徴としてのお務めについての天皇陛下のおことば」を放送。譲位は江戸時代後期の光格天皇以来、行われておらず「皇室典範」にも退位・譲位の規定はなく終身制である。結局、「皇室典範」そのものが改定されることはなく、翌年六月に「天皇の退位等に関する皇室典範特例法」が制定されて譲位の運びとなった。

安倍さんはとても尊皇心をお持ちでしたし、皇室のことも勉強されて分かっていた方ですが、その安倍さんの政権ですら譲位の取り組みには一拍遅れたということがありました。そして、譲位の取り組みの後に、その勢いで皇位継承の話まで固めていけば本当は良かったわけですが、いろいろ他の政治のテーマもあり、政権の状況もあって、そこまでは行かなかったのです。

そこのところは、もっと強い意思を持って頑張るという政治、日本の政界になってもらいたいと常々思っていますし、個別に政治家の方と会うときには、そういう話をしているんですけれども、なかなか進まない。皇室への関心が高い政治家が増え、危機感を共有してもらって、そういう政治家たちに皇位継承問題を早く解決してほしいと思っています。

倉山　ありがとうございました。突然、新井白石と言われても何のことかわからないかもしれませんが、江戸時代に皇統の断絶を危惧して閑院宮家の設立を進言した人です。実際に一七一〇年、閑院宮家設立が決定し、その八年後に東山天皇第六皇子の直仁親王が「閑院宮」の宮号を賜りました。新井白石の危惧は約七〇年後に現実のものとなります。後桃園天皇に皇子がいなかったため、閑院宮家から祐宮《さちのみや》（光格天皇）が天皇位を継ぐこととなります。

新井白石は、皇室の遠い将来を見据えて、考え、動いていたのです。日本の皇室は神武天皇から、いやイザナギ・イザナミの神話の世界から一本の糸で繋がっています。こんなに長く一本の筋で一度も途切れたことがない皇統を持つのは日本だけです。私たちの今日のテーマである皇位継承問題も、これを続けるか続けないかという話なんです。

有識者会議の今昔

倉山　さて、髙清水先生は、どなたにご質問なさいますか。

髙清水　今谷先生と新田先生に伺いたいと思います。皇位継承に関する有識者会議と言いますと、やはり平成十七年の小泉内閣のときに、まだ悠仁親王殿下がお生まれになる以前のことですけれども、皇位継承者資格を持つ男性皇族がどんどん減って、皇統存続がものすごく危ない状況になっていました。当時も、また、その後も何度か有識者会議が開かれているかと思いますけれども、平成までの有識者会議の時には、旧宮家の「きゅ」の字も出ないで、ずっと女系に傾くような内容のものがメインだったんですが、菅義偉内閣になって開かれた有識者会議では、初めてはっきりと旧宮家に言及されました。

有識者会議の雰囲気と言いますか、以前の場合、結論ありきという形に見えてしまったんですね。でも今回は有意義な方策がいろいろと出てきました。それが目に見えて感じられたので、その有識者会議、これまでのものと今回の違いですとか、肌で感じたことですとか、その辺りの雰囲気など、ぜひ、今谷先生と新田先生にお伺いしたいと思います。

倉山　では、今谷先生からお願いします。

今谷　いや、答えにくい質問でちょっと困惑しておるんですが、私も菅内閣のとき、女性週刊誌に追いかけられましてね。私は回答を拒否して逃げ回っていたんですが。幸い一誌だけが取りあげて、あとは一般の週刊誌にも論争にも何もならなかったので、ちょっと胸をなでおろしていました。ああいうお役人の前でうっかりしたことを言うと、どういうふうになるかわからない。それには閉口しました。何回かヒアリングその他に出ておりまして、とにかく参ったのは女性週刊誌です。

新田　私は有識者会議で二回、意見を申し上げる機会がありました。一回目は、上皇陛下の譲位のご表明があった時に、それについての意見を聞きたいと言われ、お話ししました。その半年ぐらい前に、その筋の方が訪ねて来られて意見を聞かれました。そして、「もしかしたらお呼びするかもしれないけれど、私たちに会ったことは絶対に言わないでください」と口止めされました。

今回、令和三年のヒアリングの時は一年ぐらい前に担当者がやってきて、正直に自分の思うところを申し上げたところ、「だいたいこのぐらいの時期にお呼びすることになるかもしれません」とのことでした。

そのように下調べをされているので、それでも会議に呼ぶということは、旧宮家の復活や男系継承維持に賛成の方向で行くということかなと思いました。もちろん会議には反対の方も呼ばれるのでしょうけれども、別にわざわざ、私じゃなくてもいいじゃないですか。全くの専門家というわけでもない。もちろん関係した本を書いたりはしていますけれど、こうも意見がはっきりしている人間を呼ばなくてもいいわけで、それでも呼ばれたということは、旧皇族の復帰が考慮されているのだろうと思いました。

今も昔も一筋縄でいかない皇位継承

倉山　みなさん、ここで壇に上がっている先生方の「私は専門外なんで」というのを真に受けちゃいけませんからね。（笑）学者の定型文、枕詞みたいなものです。

ところで、本来、皇位継承は悠仁殿下までは決まっているんです。そんなことは当たり前で、その次どうするかという話が大事なんです。しかし、一方で情けないことに、その当たり前のことを当たり前と言っていられない現状があり、悠仁殿下までどうやってしっかりお繋ぎするかということが、まず喫緊の課題としてあります。

髙清水先生からお話のあった秋篠宮家の警護が皇太子を守るレベルでないという問題、これなど秋篠宮家の扱いの軽さを示すものですから、国民一般に「やっぱり次が、まだ決まっていないんじゃないか」と考えさせてしまうということになりかねないわけです。

その意味では、榊原先生からお話のあった「立皇嗣の礼」は非常に重要な儀式でした。昭和天皇御即位の時とは違う、今回は即位と同時に後継者を決め、儀式は、それを公にするものでした。

なのに、未だに秋篠宮家が皇位継承者の家なのだということをはっきりさせる姿勢を政治の方で見せないのは、やはり週刊誌等々で秋篠宮家に対しては何をやってもいいみたいな風潮があるので、悠仁殿下の御代をお守りしようと政治家の側から言い出しにくいということがあると思うんですよね。

ところで、今谷先生に質問なんですけれども、皇太子が、南北朝の時から三五〇年ぐらい欠けていた時期がありますよね。

今谷　践祚《せんそ》立坊《りゅうぼう》ですか。

倉山　えー、みなさん、「践祚立坊」はすでに今谷先生のお話（第三章参照）でも出てきましたが、難しい言葉なのでもう一度、解説しますと、「践祚」は「天皇になること」で、「立坊」は「りゅうぼう」あるいは「りつぼう」とも読み、「立太子」と同じ、つまり皇太子を決め、公表することです。

鎌倉時代に皇位継承争いを避けるために「践祚」と同時に「立坊」する習慣が生まれたけれども、南北朝の対立が深まり、三上皇廃太子の拉致事件以降、皇位継承問題が激化・

複雑化していくのです。そこのところ、今谷先生、お願いします。

今谷　三上皇廃太子が南方へ連れ去られた後、どうなったかという話ですね。

皇太子が決まらないということは「正嫡」がいない、つまりは皇統が「しょうとう」とされていないということでもあります。当時は、皇統自身が政治そのものだったようなところがありまして、とにかくそれで戦争になったり、平和になったりするわけです。

皇室が最も危機にさらされたのは、室町幕府の三代将軍・義満のような天皇をはるかに凌ぐ権力者が出てきたときのことです。義満は、宮中や仏教界の要職人事を掌握し、さらには子の義嗣の元服にあたっては、儀式を内裏で立太子の礼に準じて行うなど、皇位簒奪の一歩手前まで進みます。しかし、あわや皇室が乗っ取られるかというときに、義満が急死してしまいます。ときの後小松天皇や尊王家の公家たち、それまでよく凌がれました。とはいうものの、義満死後も後小松天皇は後継者問題に悩まされます。第一部の講演でも申し上げました通り、後小松天皇の次の称光天皇はご病弱で、後継者なく亡くなってしまいます。そこで傍系の伏見宮から彦仁王を迎えて後花園天皇となられるわけです。

偶然の幸いもありましたし、一休さんの存在も非常に大きかったんですね。

後小松院は一休和尚とたびたび親しく対話なさっており、その中で一休は彦仁王（後花園天皇）を押す発言をしていたといいます。

そんな後花園天皇ですから、一休との関係は深く、たとえば一休和尚が断食行《だんじきぎょう》（ハンガーストライキ）を行っていたときに、天皇自ら差し出された親書つまり直筆の書状が「酬恩庵文書《しゅうおんあんもんじょ》」として残っています。そこには「正嫡ここに断絶候うべき」というふうにはっきり書かれているんですね。「正嫡が断絶するようでは困るから養生してくれ」という文脈です。

つまり一休さんは、当時の天皇によって「正嫡《しょうちゃく》」とみなされた。ですから諸説ありますけれども後小松天皇の皇子であることは間違いないと私は考えております。『和長卿記《かずながきょうき》』（＊21）など他の公家の日記にも証拠となる記述が残っています。また酬恩庵には一休の墓所として『宗純王墓』という墓碑が宮内庁により建立されている。宮内庁も皇族扱いしているということです。

＊21 『和長卿記』 侍従文章博士《じじゅうもんじょうはかせ》である菅原氏の日記。当時の公家の日常生活に関する基本史料。

ところが、不思議なもので、「とんち和尚」の話がブワッと走り出して、一休さんが皇族であるという事実が、特に戦後、一般に知られなくなっています。国民に歴史が周知されていない問題でもあるんですけれども、歴史家として非常に重要な無視しがたいことであると思っています。

とにかく、その践祚立坊で天皇の即位と立太子がセットになって鎌倉以後、ずっと続いてきたという、これは非常に大きいことです。

もう一つ、今日の話に関係ないんですけれども、私が強調したいのは、日本の天皇家というのは千年以上前から、もう権力は失っている。だいたい嵯峨天皇の後ぐらい、淳和・仁明天皇あたりから、つまり九世紀以来、権力はなくしている。しかし、権威としては輝き続けているんですね。それが日本の皇室と諸外国の王室の大きく違っているところです。これはちゃんと教科書にしっかり書かなきゃいけないことだと思っております。

倉山　いやもう本当に皇位継承って難しい。これをやっておけば正解ってものがない。父から息子へと継げれば簡単なんですが、それができない時にどうするんだというところですね。お坊さんになっていた一休さん、「お父さんが天皇だから、次の天皇になってもいいんじゃないか」という意見がある一方で、「でも、お坊さんになっている方をまた呼び戻すというのはよくない」とも言われ、当時は反対論が多かった。じゃあ、父の父と辿って遡り、息子の息子のと辿って下っていくと、今日の今谷先生の講義の主役・後花園天皇にたどりつき、この方が天皇になられたわけです。

このように、いろいろなやり方で皇位継承が行われてきました。そして、践祚と立坊がセットだった時代も、それができなかった時代もあったということです。

そして、現代の秋篠宮家、皇太弟とすればいいところを聞き慣れない「皇嗣」と定められたところにも意図を感じないでもないですが、「皇嗣」とは皇室典範において皇位継承第一位の皇族を示す呼称ではあります。その他、次は秋篠宮家に皇位が移るということは今日の議論でおわかりいただけたと思います。

ただ、秋篠宮殿下、悠仁親王までつないだとして、今のままでは皇族がいなくなってしまう。どうするんだということで、政府は有識者会議を開いて、旧皇族の復帰案をまとめたところ、それを憲法違反だと言う輩がいる。そこで日本国憲法第十四条との関連性を山本先生にご講義いただいたのでした。

皇室・天皇に関する教育の問題

倉山　第十四条の問題には新田先生、榊原先生も言及されていらっしゃいましたね。これについてご意見をお聞かせ頂ければと思います。まず榊原先生からお願いします。

榊原　その前に山本先生に質問があるんです。この皇位継承の問題が今、なかなか進まないのは、戦後の日本の油断だと思います。日本人がしっかりしていたら、もっときちんと皇室をお支えすることができただろうなと思っているのですが、その大きな原因の一つが、やはり戦後の教育ではないでしょうか。私たちは小学校から高校、大学まで、天皇や皇室のご存在についてきちんと習ったことがありませんよね。

もちろん、天皇が権力を握られていた時代の天皇のお名前は日本史で覚えます。飛鳥時代なら天智、天武、持統天皇など、平安時代なら平安京を開いた桓武天皇、大仏を作った聖武天皇など。時代下って院政期には白河、鳥羽、後白河といった上皇・法皇、さらに後の世には建武の新政を行った後醍醐天皇などが有名です。そして明治以降の天皇は日本人なら誰でも言えると思います。

また文化人として名高い天皇もいらっしゃって、嵯峨天皇は弘法大師などとともに三筆に数えられていることなどは教科書にも書いてあります。

そして、現代の天皇については「公民」などで「天皇の国事行為」など、いくつか天皇陛下のお仕事について習いますし、直接的な政治的権力をお持ちでないことなども教わります。

しかしながら、「天皇陛下とは私たちにとってどのようなご存在か?」という基本的な事柄を習ってない。これ、戦後日本の大きな油断だと思うのです。

国を動かす政治家、特に国会議員たち、そして、手続きにしたがって国の実務を担っている官僚、彼らの多くが、天皇がどのようなご存在なのか、その位置づけですね、皇室とは何か、日本の国柄や憲法とどのようなご関係にあるのか、知らないと思うんです。

そのあたりを司法試験を通られた山本先生に大学の法学部では憲法学を中心に日本の国柄とか天皇・皇室についてどのようなことを学ばれたのか、もしくは大学の先生方がどのようなことを教えていたのか、また、司法試験に関してもその種の問題があるのかなど、そのあたりを教えていただければと思います。

山本　司法試験における憲法という観点ではお話しできるかと思います。

日本の教育は、みなさんもよくご存じの通り、前提として現行憲法が良い憲法で、わざと比較するように大日本帝国憲法を持ってくる。しかも、古さを強調するように「明治憲法」と言う。帝国憲法・明治憲法は悪い憲法、新しい今の憲法は良い憲法のように取り扱っています。

法学部でも基本的にそこは変わりません。今の憲法をありがたがって、それを一生懸命お勉強しましょうという体制で憲法教育がなされています。

そして、先ほど今谷先生がおっしゃられたように、天皇はもう千年以上も前から政治権力を持っていないにも関わらず、昭和二十年まで天皇は「統帥権」など「天皇の大権」を持っていて、まるで「現人神」であったと。「現人神」がいつどのように生まれてきたかなどについて詳しくは、新田先生のご著書『「現人神」「国家神道」という幻想』（新田均、神社新報社、二〇一四年）に譲りたいと思いますけれども、「天皇が現人神として崇められて絶対の権力を持っていた。それが日本を無謀な戦争に駆り立てて、破滅に追いやった。そして敗戦によって、ありがたい今の憲法が生まれたんだ」というのは戦後に出てきたプロパガンダです。

それで、「天皇というのは、あくまで象徴にすぎなくて、単に法律の公布などについて判子を押すだけの存在である」と。いわゆる天皇ロボット説というんですかね、宮澤俊義・東大教授の言葉を使えば「めくら判を押すだけ」の存在ですが、そこをやたらと強調する。

ですから、司法試験の勉強であっても、当然、そういった見方で、「明治憲法」との比較のような形から入ることになります。

天皇についても、時代遅れの遺物であって、あまり重要でないかのような扱いです。実際に憲法には天皇の項目があり、皇室は現に存在するわけですが、それについても、「終戦当時の日本人は、それまでずっと天皇は現人神であるかのような教育を受けていたので、法改正の時にもなんとか天皇制を残そうとしたのだ」と当時の日本人が迷信か何かに侵されていたかのような教え方ですね。

官僚には法学部出身が多いようですが、あの人たちもそういうイメージで皇室や天皇をとらえている可能性は十分にあると思います。

私は、そこがまさに問題だと考えていて、倉山先生主催の倉山塾に入って帝国憲法などの勉強をしているところでございます。

倉山　第一部の講演中で山本先生はものすごいパワーワードをおっしゃいました。「皇族になる権利などない」って、おっしゃる通りだなと思いました。皇室は、そもそも希望してなるものじゃないんです。それを「憲法違反の人権侵害だ」とか「法の下の平等に反する」などと言うのは、筋違いというものですよね。

では、新田先生、よろしくお願いいたします。

皇室典範はコモン・ロー

新田　山本先生のお話では、とくに「門地による差別」と「性別による差別」を論じたところが納得できるものでした。

旧宮家の方が皇族復帰されることについて、「憲法第十四条が禁じる門地による差別だ」と言って問題視している人たちは、それまでずっと性別については差別があったのに、そこについては何も言ってこなかった。ためにする議論だというのは、その通りだと思います。

「門地による差別うんぬん」が出てきたら「性別による差別」についても「男を差別するな」と言い出すかといえばそうでもない。私も前から同じように感じていたので、山本先生にもおっしゃっていただいて、心強く思いました。

この件に関してのポイントは次の点にあると思います。皇室は第十四条の例外だと言われますけれども、皇室と関わる限りの一般国民もまた例外に属することになる。皇室との関係性ができた瞬間から、この皇室の特殊事情が一般国民にも及ぶと解釈していいでしょうか。

山本　今のご質問、非常に示唆に富んでおりまして、皇室典範の第一条「皇位は皇統に属する男系の男子が、これを継承する」というところで、「皇統に属する男系の男子」とだけ書いてあって、それだけ読むと皇族に限らないんですよね。「皇族」と出てくるのは第二条であって、第一条では「皇統に属する男系の男子」としか書いてない。この言葉自体、国民の中にもいるということが含意されているんじゃないか。私は皇室典範第一条を読んだときに、まずそう思いました。

そういう意味では、「皇室典範」というと皇族のことだけを決めているように感じられますけれども、第一条には今は国民でいらっしゃる旧宮家の男系男子孫のことも入っているのであって、単に「皇室は第十四条の例外」というのにとどまらず、皇統に属する男系の男子は国民であっても第十四条の例外たり得ると、皇室典範が考えている現れなんだろうと思います。ただ、彼らは実際には皇族ではないので、第二条がある関係で皇位継承権がないというのが、この皇室典範の法律体系なわけです。

皇室典範は本当によく考えられています。私はアメリカの法科大学院に留学していたのですが、皇室典範というのはいわばコモン・ロー（common law）のようなものだと思います。

コモン・ローとは慣習法のことで、法とは何かを考える上で、非常に興味深いものです。新たに法律を作り、それを発布したから効力を持ったというものではなく、いろいろな事例や慣習がありそこから客観的な法というべきものが発見され、それが積み重なってできたものなのです。伝統や歴史に培われた決まりごとで、文書化されている場合もあれば、そうではない、ただの習慣として存在する場合もある。

皇室典範は、長い伝統を持つ皇室の実質的な意味での皇室法、皇室にとっての憲法的なものを抽出したものです。旧皇室典範も新皇室典範も、そういった考え方に基づいて作られていまして、日本国憲法第十四条との関係という意味でも、皇室典範には国民の一部が想定されているような文言が入っていると、ここで一言加えておきたいと思います。

そういった伝統に基づく皇室典範の改正なわけですから、当然、国民の一部にも影響が出てくる問題です。コモン・ローの観念に反しないよう大原則に乗っ取っての微修正・修正案が出されてしかるべきと考えます。

旧皇族の臣籍降下は日本人の意思ではなくGHQによる

新田　それとの関連で言いますと、よく言われていることであるんですけれども、旧宮家の方々は今の憲法が効力を持ってから半年間は皇族でいらしたわけですよね。「今は一般国民じゃないか」という議論では、その事実がまず無視されているので、旧宮家の方々は今の憲法下に置いてさえ一般国民じゃなかった時期があるんだということは強調しておきたいですね。それが一つ。

そして、もう一つは現憲法下において十一宮家の臣籍降下ということになった時に国家主権は日本になかったんですよね。臣籍降下は国民の意思の反映などではないのです。憲法の上に占領軍がいて、憲法には「民主的」なことがたくさん書かれてあるけれども、彼らはそんなことをさんざん無視して、やりたい放題してくれました。検閲もしていた。国に主権がない状態で皇族の身分を強制的に離れさせられ、その結果が現在であるのに、この事実を無視して、現状だけを見て「一般国民じゃないか」というのはどうなのかと私は思います。

皇室問題は古くて新しい

倉山　難しい話なので改めて交通整理しますと、神武天皇以来の皇統がずっと続いてきて、悠仁殿下まで繋がっています。しかし、悠仁殿下の後のことはまだわかりません。絶対にお世継ぎが生まれるという保証はどこにもないんですよね。どんな制度であろうとも世襲である限りは、絶対に子供が生まれる技術でもない限り、皇室が続くという保証はどこにもない。それを公称二六八三年間、イザナギ・イザナミの神話の時代から続けてきたのが我々の日本国です。そして、これが日本が日本である所以でもある。これを我々が「やめる」と決めたら、もうそれで終わりなんですよね。皇室維持のために、どんな法律を作ったところで、その時代の国民が「面倒だからやめよう」と言ったら、そんな人々が多数派になったら、それで終わりなんです。だからこそ、「このかけがえのない伝統ある皇室を、やめていいいんですか」と問いかけることが、今回のフォーラムの大事な目的でもあります。

皇室をめぐる論議は本当に複雑です。さきほど一休さんのお話が出ましたが、近くに皇室を離れたお坊さんがいる。皇室に戻ってもらっていいのか、それとも遠い親戚であっても、父の父の……と遡り、息子の息子の……と辿りついた方に継いでもらった方がいいのか。いろいろなやり方があるわけです。

それが旧宮家の問題にもなるんですけれども、そこで先ほどの新井白石の話をもう一度今谷先生にお聞きしたいと思います。

今谷先生のお話にあったような事情で「伏見宮家は未来永劫、皇室に残れ」と、時の皇室のために存在しなければならないんだというのが後花園天皇の叡慮、勅命なわけですよね。

明治の典憲体制（皇室典範と帝国憲法）のもとでも、伏見宮家の方々は十一宮家に分かれましたけれども、すべて皇族として残った。日本国憲法下においても、当初は皇族だったのです。しかし、臣籍降下させられて、現在は「旧皇族」と呼ばれている。いろいろな議論はあったけれども、「永代宮家」の根拠は後花園天皇の勅命です。

ところで、後花園天皇が伏見宮を「永世御所」と定めてから二五〇年、伏見宮家が南北朝時代に皇室の正統《しょうとう》から離れて三〇〇年以上経った江戸時代の新井白石は、「永久に皇族として残れ」と勅許された伏見宮家があったにもかかわらず、閑院宮家を創設しました。必要性を感じてのことと思いますが、その辺りの新井白石の悩みについて、想像も入るのかもしれないですけど、そこも含めて今谷先生、ご説明していただけますか。

今谷　私は白石の専門家ではありませんが、白石という人は徳川時代を含む武家政権がどういうあり方で続いてきたのか、天皇家との関係なども含めて考えていたんですね。新井白石は博学な人で、今の言葉で言えば歴史家でもあるし、文化人類学者でもある。著書も豊富で多岐にわたります。そんな新井白石が持てる知識を総動員して、結局、天皇家は血のつながりが非常に重要だというところに行き着いたんではないかと思います。その点は確かに後花園天皇の考え方とは少し違ったものが江戸幕府の中頃に出てきたという気はしてますが、残念ながら、専門家ではありませんので、このぐらいしか言えない。

新田　今谷先生のお話、大変興味深く聞かせていただきました。私の理解力が足りていないところがあるので、ちょっと確認させて頂きたいのですが、後花園天皇から見て、南北朝合一の時の後小松天皇の系統が正嫡と考えられていたけれども、称光天皇が若くして亡くなられて、その系統が絶えてしまうという現実を目の当たりされた。そこで、その後光厳天皇まで戻って、さらに正嫡を支える別の系統を作っておかないと今後また大変なことになるというお考えをお持ちになり、伏見宮家を永世とされたという理解でよろしいでしょうか。

今谷　はい。おっしゃる通りです。

倉山　旧皇族をめぐる議論では、「何世離れていても皇族」対「血筋は近い方がいい」は古くて新しい問題と言えます。後花園天皇と新井白石もそうですし、明治の時も三条実美と井上毅がそれで大論争しているんですよね。

本当に皇室をめぐる議論は複雑です。世襲をやめてしまえば簡単なのですが、しかし、

「それって天皇なんですか」と問いたい。いままで、ずっと続けてきたものをそんな簡単にやめるんですか、と。

現代における議論は、さすがに「皇室をやめろ」とは共産党でも大きな声では言っていません。しかし、その分、言い方が巧妙になってきて「いや、やめろとは言っていない。これを続けて行くのは無理だから、絶える前に今までと違うことをやろう」ともっともらしいことを言ってくる。それに対して、「伝統を続けられるだけ続けよう」というのが私どもの立場です。

伝統を守る可能性がないならともかく、あるのに、あえてぶった切ることはないと思うのです。長い歴史に培われてきた皇室のあり方を、一時の多数決だけで「やめよう」とか「変えよう」と安易に決めてはいけません。それはまかり間違うと日本が日本であることをやめることになりかねません。

皇室祭祀と女性皇族

倉山　ここにいるみなさんは、わかっている方々なので、「もういいよ、わかったよ」と思われるかもしれませんが、私がなぜ何度もこのようなことを言うかというと、日頃、皇室問題を全く理解してくださらない政治家と話をしているからです。今現在、知識がなくても話がわかる方にはご説明をして「なんとかご理解を」と説得できるんですが、ジェンダー憲法学に染まっている政治家と話すとき、どれだけ大変か、みなさんには、なかなか想像がつかないと思います。「現在の皇室典範では女性が天皇になれない。差別だ！」と。それに対して私が「じゃあ、男が皇后になれないのは差別なんですか」と返したら「そうだ」と答えかねない人たちです。（笑）

ここで高清水先生、ジェンダー憲法学というか男女平等絶対主義に関して高清水先生のご見解を承りたいと思います。

高清水　この皇位継承問題に関しては差別ではなくて、区別だと思うんですね。やはり、歴代天皇が最も大事にしてきた祈ること、宮中祭祀を考えると、女性であれば月に一度、神様のもとに近づくことのできない期間があるわけですから、これを差別じゃなくて区別というふうに受け止めるのがよろしいんではないかと思います。

新田　皇室祭祀と女性皇族の問題ですが、歴史的に女性天皇は存在しますし、女性天皇が皇室祭祀をできないわけではないですが、その観点から言うと、一つなるほどなあと思ったことがあります。それは大嘗祭《だいじょうさい》(*22)です。

近代になって外国にならって大嘗祭の時に皇后陛下が拝礼される「皇后拝儀」が加わりました。ところが、明治の時も大正の時も、実際には、行われていないのです。何故かというと、明治の時、皇后はお風邪を引かれていた。大正の時は懐妊されていた。皇后だから、それまでも行われていなかったことでもあるし、行わないという選択が出来たわけですが、これが天皇御本人だったら、どうだったでしょうか。

現代は医療も進んでいますし、ある程度、快適な環境を整えることもできるかもしれませんが、大嘗祭は寒い時期に行われる行事で、負担がかかることは間違いありません。「体調不良」でできないから「一年延ばしてください」というわけにはいきません。

そういう意味で、女性天皇が少ないのは、女性に配慮した合理的なものだったと思いま

＊22　大嘗祭　新しい天皇が即位後にその年に収穫されたばかりの穀物を神々に供え、五穀豊穣を感謝する儀式。毎年十一月二十三日に収穫の感謝する秋祭「新嘗祭《にいなめさい》」が行われるが、即位の年にはこれに代わって「大嘗祭」が行われる。

す。実際、決められた時に決められた行事をきっちり遂行していくのは大変です。四方《しほう》拝《はい》(*23)もそうです。いまや多くの国民がそういう体験をしなくなっているので、わからなくなっていて、こういうところを軽く考えてしまうのかもしれませんが、この点はもっと理解しておくべきではないかと思います。

倉山　新田先生、まとめると、女性は天皇になってもいいけれども、いろいろな面で大変であると。大事なことは一般国民の男、皇統に属しない男を皇族、ましてや天皇にしないということでよろしいでしょうか。

新田　そういうことです。

*23　四方拝　毎年元旦の早朝、天皇が宮中で天地四方の神々を拝する儀式

皇室会議の人選がおかしい

髙清水　ところで、皇室の大切なことに関して議論する皇室会議があります。この皇室会議は、メンバーが十名と決まっているんですが、皇室会議の予備議員のメンバーの一人に菅直人《かんなおと》さんの名前があるんですけれど。

倉山　元首相なのでそうなってしまいます。

髙清水　こういうのも人選がどうなっているのかよく分かりませんけども、きちんとした方と言いますか、ちゃんとした国家観、国に対しての思いを持った人、皇室の大切さを理解している人でなければいけないのではないかと思うんですが。

倉山　皇室への思いがありすぎて女系天皇をやりたい野田佳彦さんでも困りますけどね。いろいろ簡単ではない話ですよね。

山本　皇室会議に関しては、旧皇室典範と現皇室典範とでは、皇室会議や皇族会議の位置づけがガラッと変わっています。

第一部で皇位継承を定めた条文の改正案イメージをお見せしましたが、「皇室会議の議を経て」という要件を入れたりしました関係で、皇室会議に関する条文を確認してみたんです。

皇室典範

第二十八条　皇室会議は、議員十人でこれを組織する。

② 議員は、皇族二人、衆議院及び参議院の議長及び副議長、内閣総理大臣、宮内庁の長並びに最高裁判所の長たる裁判官及びその他の裁判官一人を以て、これに充てる。

③ 議員となる皇族及び最高裁判所の長たる裁判官以外の裁判官は、各々成年に達した皇族又は最高裁判所の長たる裁判官以外の裁判官の互選による。

第二十九条　内閣総理大臣たる議員は、皇室会議の議長となる。

今の皇室会議は「三権の長」を入れる、「内閣総理大臣が議長となる」など、よく言えば民主主義的統制を皇室に対してかけているわけです。さきほども申し上げましたが、今の憲法は思想がそうですからね。天皇は象徴にすぎないものであって、たとえ皇室関係のことをあれこれ決める場合でも国民主権のもと、「衆議院及び参議院の議長及び副議長、内閣総理大臣」など国民から選ばれた人がやるとか、そういうメンバーになっています。皇族の方も二人いますけれども、彼らが主導権を握って決めるものではないんです。

ところが帝国憲法の時代には、天皇陛下が統括管理して、それこそ伏見宮家の方々など旧皇族の方々が議決権を持って物事を決めていました。それが、もうガラッと変わってしまっている。

その結果、菅直人さんのような人も入ってくるようになったわけですが、昭和二十二年に皇室典範を作った時に、これはもう、やがて起こることと予想されることだったと思います。

皇族がいないと皇室会議は開けない

倉山　皇族会議と皇室会議は、どちらも皇室のことを決めるところなのですが、「皇族会議」は全員が皇族で、親戚で集まって皇室のことを話し合う場所、そして、「皇室会議」は、また別ものです。現在の皇室会議では議員十人中、皇族の方が二人で、残り八人が三権の長など。このようなシステムなので「民主主義的統制」と言えば聞こえはいいですが、国民が変な人を首相に選んだら、変な人が入ってくる。しかも議長になってしまうのです。

ところが、いま何もしないと、悠仁殿下が御即位された時に皇族が一人もいなくなってしまいます。「皇族会議」はもちろん、「皇室会議」の議員となるべき二人の皇族も確保できなかったら、皇室会議すら開けなくなる。これは大変なことです。まさに今回の菅《すが》内閣から岸田内閣にかけての有識者会議ではこの点も問題視しています。

これについては榊原先生、有識者会議の報告書を詳しく取り上げてくださったのでお聞きしたいんですけれども、悠仁親王の次の世代については保留になっていますね。

榊原　そうですね。おっしゃるとおりこれは非常に常識的な話でして、悠仁親王殿下の次代についての継承策について直接的には、この有識者会議では出さないと書いてあります。これは無理もない話で、皇族に復帰していただく方たちの順番というものは、なかなか複雑な問題で、旧伏見宮系統の旧宮家内にも順位がありますし、各家でさらに長男・次男・三男等の順番もあります。それに、もし養子縁組される場合の各宮家との関係をどう考えるのかといった複雑な話があるので、そこは置いておいたということなのだろうと推測しています。そういう説明はしていませんが。

皇族を増やすという形で、皇位継承権者の増加につなげていく方策を入れ込んでいるという点が今回の報告書の特徴と言えると思います。ですから、産経新聞社は、皇位継承策の確立に向かって前進したという見方で非常に高く評価しています。一方、有識者会議の報告書を評価しない新聞社の中には「継承策はまとめなかった」と簡単にパッと書いて終わりという社もありました。そのような記事は私には事実に目をつむって書いているように思われますが、そういう見方もあるということです。

典憲体制からただの法律へ

榊原　さきほどの皇室会議の話ですが、詳しい方がたくさんいらっしゃる中、言うまでもないことかもしれませんが、明治時代に皇室典範と帝国憲法が制定されましたが、これらは二大法令として並び立っていて、宮務法（皇室法）の体系と政務法の体系とはそれぞれ別だったのです。ですから、ときの政治家の不確かな知識や、その時の思いつきで長い歴史を持つ皇室について安易に手を出しておかしなことにならないように安全装置となっていたのですね。

それが今の憲法の体制になってからは、宮務法と政務法の体系が並び立たなくなって、皇室典範が憲法の下の法律と位置づけられてしまいました。もっとも、「典範」という格調高い名前がついていて、普通の法律よりは特別感がありますが、法律の一種にしてしまったことには違いありません。

このため、共産党など左派的な考え方を持つ人のなかには「これは法律なんだから、いかようにも変えていいんだ」と発想する人たちもいます。そこが一つ問題です。

それから保守の側の政治家や官僚でも、皇室について理解のない世代が主力になってしまっています。それで、小泉純一郎内閣の時には有識者会議で、女性・女系天皇を容認する報告書が出てしまった。結局、秋篠宮妃紀子殿下のご懐妊で国会提出は見送られ、悠仁親王が無事にお生まれになり、話は沙汰止みとなったわけです。その後、要路者にはいろいろと「簡単な問題じゃないんですよ」ということで、詳しい方々が説明をしてきたので、それなりに知識としては広がってきています。今回政府が開いた有識者会議では本来の皇室の伝統を踏まえて、日本を安定化させるという方向での方策をまとめて世に問うことができました。小泉内閣時代の皇室を巡る危機的な状況から考えると、ようやくここまで押し戻してきたというところです。もちろん油断は禁物でして、もうあと二歩三歩と、進んで行かなければいけないわけですが。

倉山　皇室典範は現在、昔と違って、ただの法律なので、「どう変えてもいいのだ」と考えている人が多い。だから、一時の多数決で変えられてしまう恐れがあるんですよね。ところで榊原先生、ちょっと確認させていただきたいんですが、昨日まで一般国民として過ごしていた人が今日いきなり皇族になって明日、天皇になるかもしれないという話ではなくて、本来正当な皇族であるいわゆる旧皇族、伏見宮系統の方々の子孫の方々に皇族になっていただいて、その皇籍を取得していただいた方の次世代のお子様方は生まれた時から皇族として過ごしていただき、悠仁殿下が天皇になられた時にはその方々に皇族としてお支えいただくという理解でよろしいですか。

榊原　そうですね。今の案では、現在一般国民と同じ立場にある旧宮家の方が皇族になる。つまり、「殿下」とお呼びすることになりますが、皇位継承権については、ちょっと止めておきましょう、そのお子の世代から継承権を持っていただこうという考えですね。

仮に制度を変更する場合でも、現在いらっしゃる皇位継承者の継承順位は変えない。変更後に生まれた方々から有効という話です。

倉山　その辺のことも、一般的にはあまり理解されていないように思います。

あえて強調しますが、皇位継承者は男系男子と申し上げておりますが、だからこそ愛子殿下や佳子殿下の人生もまた本当に重く大事なものと考えております。

皇室典範の位置づけについて考える

倉山　皇室典範の扱いに話を戻しますが、皇室という特定の家の問題を他人がとやかく言えるのか、民主主義の多数決で勝手に変えていいのかという問題があります。「皇室典範は、ただの法律だから何をやっても、どう変えていい」という風潮ですね。日本国憲法第十四条と皇位継承問題の関係を考えながら、我々、かなり苦労しましたけれども、今の法律界の多数派がどのようなことを考えているのかということと、それに対する山本先生のご見解をお聞かせいただければと思います。

山本　そうですね。皇室典範の位置づけについては、憲法制定当時に一段も二段も押されているというか、やられているようなところがありますね。まず、憲法制定にあたってGHQのケージスが皇室典範の制定は、国会の議決によるものであることを明記しろと強く言ってきました。

それで二者が並立する典憲体制をあきらめて、皇室典範を憲法の下の一法律にせざるをえなかったという経緯があります。ただ、当時の宮内省の方々は現行皇室典範を作る時に男系男子主義を貫いて、そんな状況でもかなり精巧な皇室典範を作ったと言えると思います。

そこは良かったんですが、後々、ちょっとおかしくなる。当時、皇室典範を作るときに、日本国憲法第二条の「皇位の世襲」の「世襲」の解釈を説明する文章を官僚たちが作成しておりまして、その時の見解では、「世襲」とは男系継承を意味するとしていました。それは今も資料で残っているんです。想定問答として準備していたんですよ。

ところが、小泉内閣の時に、憲法第二条の「皇位の世襲」というのは必ずしも男系男子を意味するとは読み込むことができない、として女系も容認する主旨で解釈されました。男系でもいいし女系でもいいと。その辺は全て皇室典範に委ねていると解釈されるというのが内閣法制局の解釈として出てしまったんです。このときは男系保持の立場からはよろしくない流れになってしまいました。

ただ、そうは言ってもですね、過去の伝統や歴史をまったく無視して皇室典範をどう変えてもいいのかというと、そこは限界があります。例えば、天皇を選挙で選ぶとか、外国人でもいいとか、ハチャメチャに変えていいのかというと、やっぱり、それはどう考えても国民の理解を得られるものではありません。では、どう考えたらいいのでしょうか。

百歩譲って皇室典範が法律であるとして、どういう法内容であるべきか、を考える際に、先ほどコモン・ローと申し上げましたけれども、やはり変えていいところと変えていけないところは、その過去の伝統や歴史等に照らした内容の範囲の中で定めるものと解釈されるべきではないかと考えています。

倉山　はい。あのときは、政府見解で「女系もいいよ」となったので、我々は相当苦労いたしました。でも、その当時でも「女系天皇にしなければいけない」とは一言も言っていないんですよね。だから、憲法の「世襲」は女系も認めているけれども、あとの中身は皇室法で考えてくださいと。そして皇室法は歴史的伝統的に受け継がれてきた掟であって、国会が議決するにしても、できることはその枠内に限られる。

一般国民の女性は皇族になれるけれども男は絶対になれない、これは昔からの習わしであって、憲法第十四条の禁じる「性別による差別」には反するけれども、例外として認められる。

では今回、旧皇族の男系男子孫の方々に皇籍取得していただく際に、第十四条の禁じる「門地による差別」問題をどう考えるかといえば、やはり例外として認められるはずです。

そもそも皇室とは、世界一の門地ですからね。（笑）「門地による差別」などと言う人は「皇室」に反対しているのと同じことです。共産党なら「そうだ。反対だ！」と言うのかもしれませんが、それ以外の自称「リベラル」な人々でこれを言う人、自分が何を言っているのか、自覚があるのでしょうか。

「日本を民主化するのだ」として華族を廃止したGHQすら、皇室は残しました。「日本民主化のため」にも皇室が必要であることを認めているのです。そして、誰を皇族にするかは皇室典範の元となる皇室法に委ねられていたのに、昨今のトンデモな言論人や政治家たちは、いきなり「皇族になる権利は人権だ」とか言い出す。かつての極左護憲派憲法学者すら言ってこなかったような珍説・奇説が飛び出す現状には頭をかかえています。

いや本当に、政治家には本当に皇族復帰が憲法第十四条違反だと信じている人が多くて、この半年間、山本先生と一緒に頭を護憲派にして、トンデモな方々にも納得していただけるようなレポートを書きました。合計四十七枚になりました。救国シンクタンク会員の皆様は無料で読めます。要路者の方々にはすでに届けています。

話せばわかる人でも、秋篠宮家が週刊誌にバッシングされているので、秋篠宮家を支える旧皇族の提案を言い出しにくい風潮があるんですよね。だからこそ「そんなことないんですよ」と主張していくのがシンクタンクの役割です。シンクタンクというものは政治家が言えないことを言わなければ意味がないので、その役目を積極的に果たさなければならないと思っています。

バッシングに負けない秋篠宮家と悠仁親王殿下

倉山　締めに入る前に高清水先生に救国シンクタンクの定例会での議論の一部を披瀝していただきたいと思います。高清水先生には、すでに二回、救国シンクタンクに講師として来ていただいております。昔も今も、秋篠宮家バッシングが依然として変わらない中で、やはり未来の日本を担っていただく悠仁殿下には皇室史を学んでいただければと思っています。

今上陛下が、教科書に出てこないような、多くの日本人が知らないような歴代天皇のご事績について、スラスラとお話しになるのを聞いたりすると、やっぱりこの方はただのものではないなと思ったりします。それで、悠仁殿下には皇室史の学びを深めていただければという希望をお伝え下さいとお願いしたんですが、今日の出羽三山のお話で本当に気持ちを強くしました。

高清水　はい。実際に私も提案していることもありますし、細かい会話のやり取りは、ちょっとこの場ではご披露できないんですけれども、多くの声を皇嗣家に届けています。

一つの例ですが、悠仁殿下が中学一年生の時に私は「悠仁殿下のメディアへの露出度を高めてください」と秋篠宮妃殿下に申し上げたら、その後まもなく、ブータンで羽織袴で登場なさったということがありました。

ほかにも、特にメディア対策として、いくつか提案していることがあります。まず、「メディアに使われるのではなく、メディアを上手に使ってください」ということも申し上げています。

あるいは、佳子内親王殿下が「姉の一個人の気持ちとして」と少し問題を含むお話をされた時には、あまりそういう不用意な発言はなさらない方がいいということを申し上げました。

秋篠宮バッシングに関しては、本当に痛ましい限りです。以前は秋篠宮家の方と私が会話するときには、必ず職員がついていたんですが、ここ数年間は人払いをしたり、ちょっと歩きながらという機会もあります。妃殿下とは目があっただけで涙があふれて二人で泣いてしまうこともありました。それだけひどいバッシングが吹き荒れていて、誰も助けてくれない状況の中で、私たち国民の側でもできることをしなくてはいけないと思っています。「心無い中傷を言う人ばかりではない、多くの国民が応援しているんです」とお伝えしています。

今日は神道政治連盟から打田会長の代理で平尾事務局次長もお越しくださっています。妃殿下は「神社の皆様は皇嗣家のこと、私たちのことをどう思っているんでしょう?」と質問されたこともあります。

当然のことながら、「多くの国民が、みんな応援しています。悠仁殿下の未来をみんなでお支えようと思っています」と申し上げております。もちろん今日、こうして実りあるシンポジウム、フォーラムが行われていること、九月六日の悠仁殿下のお誕生日のときに参邸する予定がございますので、しっかりとご報告もしたいと思っております。(大拍手)

倉山　ひときわ大きな拍手で、今ので大団円みたいな感じですけれども(笑)、最後に先生方、登壇順にお言葉をいただきたく思います。

目に見えない力を感じる瞬間がある

新田　歴史的なことや、理論上のことをお話ししましたが、最後は神意というのか、偶然の力というのか、目に見えないものの計らいを感じる瞬間があったことについて、私の個人的な経験を二つお話ししたいと思います。

一つは平成十八（二〇〇六）年九月の悠仁殿下のご誕生です。その前年末には有識者会議から皇位継承資格を男系男子だけでなく「女子や女系の皇族に拡大することが必要である」との報告書が提出され、小泉内閣は、その答申を反映した皇室典範改正案をこの年の通常国会で成立させる方針でした。

言論人などでも、女性天皇・女系天皇容認を後押しするような発言をしている人が多くいました。私はそれに対する反対意見を雑誌『諸君』に書いて、論争になりましたが、まさにその論争が始まった瞬間に「ご懐妊」の発表があったわけです。とはいえ、誕生されたのが女子であったら、女系容認は止まらない流れとなったでしょう。そこに悠仁親王がお生まれになった。この時はご神慮のようなものを感じました。

今回の有識者会議がらみでも「これは」と思うようなできごとがありました。私には、他に誰が呼ばれていて、どんな意見を持っているかなどということは全く分りませんでした。他の人に会いたくても、会いようがありません。ところが、会えたんです。息子がかつて野球部に入っていて、その当時の仲間の家が神具屋さんでした。神具屋さんですから、お仕事の関係で神社に行きます。彼がたまたま営業に行った神社の氏子が、なんと有識者会議に呼ばれている人で、どう考えたらいいかについて神社に相談に来たのだそうです。ちょうどその時期にその神具屋さんが、その神社の宮司に営業に行き、また偶然にも私の話になって、その宮司から皇位継承問題で私の話をききたいと連絡してきたのです。それを聞いたときには、もう「えっ」と声を挙げて驚きました。絶対に会えるはずのない人に会えた。これなども神様のお導きを感じるできごとで、「ああ、そういうことなんですね」と感じ入った次第です。以上です。（拍手）

倉山　では榊原先生、お願いします。

皇室と政治が遠い　内奏をしない政治家

榊原　今の憲法の負の影響の一つとして、皇室と政治が遠くなっているると思うんですね。

日本国憲法第四条に「天皇は、この憲法の定める国事に関する行為のみを行ひ、国政に関する権能を有しない」とあります。そのせいか「天皇が政治に影響をおよぼさないように」という考えが行き過ぎて、天皇と政治の関わりがあってはいけないかのように勘違いしている人が多い。

帝国憲法下における明治天皇、大正天皇、昭和天皇は独裁者などではなく、政府から上がってきたものを裁可されるという立憲君主としての行動をとられました。昭和天皇もたいへんに憲法を重視されて、本当に政府が機能を停止した時だけ、たとえば二・二六事件のときですとか、終戦のご聖断ですとか、日本が危機的状況にあるとき、政府がない、あるいは政府が立ち往生して物事を決められないときにご意思をお示しになって、それが日本を良い方向に持っていくご決断になりました。

先ほど山本先生のお話にもありましたが、戦後は「天皇は象徴に過ぎない」など、日本国憲法を利用して、天皇がいかにどうでもいい存在かというようなおかしな話を強調して説明されることが多く、現代の政治家の一部にそのような誤った意識になってしまっている人がいるのは大変残念なことです。

どこの新聞にも首相が前日に何をしたのかの記事が載っています。朝日や時事通信は「首相動静」、日経は「首相官邸」、そして産経や読売はそのときの首相の名前を入れて「岸田日記」、「岸田首相の一日」となっています。これをデータベースで検索していただくとわかります。天皇陛下のもとに時の首相なり閣僚なりが伺っていろいろなことをご報告することを「内奏」といいますが、この機会が今すごく減っているのです。

戦後であっても昭和天皇が若く、戦前生まれの政治家がいた時代、つまり、占領期や、その直後にはまだ今よりも頻繁に内奏で多くのお話をされていたはずですが、だんだん少なくなってきています。

政治家が陛下とお話しする機会が少ないと、皇室の問題に対する政治家の優先順位が下がるというか、意識を向けにくくなる原因のひとつになります。やはり、なるべく政府の要路の者が陛下の元に参上すべきです。お会いして国の諸問題についてご報告するとともに、世情の話なども申し上げて、いろいろとお話しをするということが大切だと思います。もちろん、話の内容は表に出すことではありません。とにかく陛下へのご報告をもっと頻繁に行なってほしいと思っています。

天皇陛下と政治家との信頼関係がもっと築かれていれば、皇位継承問題に関しても、このように大変なことにならなかった。そして今後、ここを改めていけば、こういった問題も一つ一つ解決していく日本になれるのではないかと思っています。以上です。（拍手）

倉山　ありがとうございました。それでは山本先生、一言お願いいたします。

政治家よ、信念を持て！

山本　私は、菅内閣から岸田内閣にかけて行われた有識者会議で養子案や復帰案について話し合われ、いい報告書が出てきたと評価しています。しかし、その後、何も進まないことについては、非常に残念に思っております。やはり政治家が「票にならない」とか、あるいは、「皇室問題が争点になると選挙に響くんじゃないか」とか、そういうことを思っているのが一番良くない。一方で、政治家が選挙を意識するのは当然のことでして、わざわざ票を失うようなことはやりたくないという気持ちはわかります。

問題は「これはいい案だ」と国民が思っているのか、そこを信じきれていないところにあります。「憲法上の疑義がある」などといってチャチャを入れて妨害しようとする連中の声のほうが大きく感じられているのではないでしょうか。

そういう意味で、自分としては微力ではありますけれども、変な説を声高に叫ぶ連中の論拠をひとつひとつつぶしていきたいと思っています。

彼らは「憲法上の疑義がある」とか言ってますけど、私が思うに、実際のところ本人たちも腹の中では疑義など挟めないことはわかっているんだと思うんですよ。ただ「疑義がある」とだけ言って、その論拠を詳しく論じることはしない。そんなことは、わざと言わない。「疑義がある」の一点張りで、私から言わせれば、ずるいなという感じです。

現行・皇室典範を制定するときにも「女帝を認めるべきだ」と言った宮澤のような学者がいたのと、結局、同じなんですよね。でも、当時の議員たちはそんな議論は無視して、立派な皇室典範を作ったわけですから、今の国会議員も自称「リベラル」の攻撃に振り回されることなく、やるべきことをやると。それが国民の付託を受けた国会議員の責務ではないかと思います。

ですから、少しでもこちら側の国民の声を大きくすべく、私もフェイスブックほか、ソーシャルメディアなども使って、まずは周囲の人々を引き込み、なんとか我が方の主張を広めていきたいと思っている今日このごろでございます。（拍手）

倉山　ありがとうございました。では今谷先生、一言よろしくお願いいたします。

天皇について正しく教えるのは歴史家の使命

今谷　今のお話、政治家とか国民の天皇観ですね。やっぱり深刻に思いますのは、戦後歴史学の責任もあると思うんですね。特に日本史の学会では、はっきり言いますと反天皇制の議論がひどくて、それが教科書やメディアに反映されてきた。やはり、歴史家がしっかりしてないといけない部分もあると。しかし、私もこんな年ですから老い先が短いので残念に思いますけれども、そういうことを後輩には言っていきたいと思っています。（拍手）

倉山　今谷先生ありがとうございました。では高清水先生、一言よろしくお願いいたします。

政治家や国民へ伝えていくことが大事

高清水　山本先生から政治家がやるべきことをやるべきだという話が出ましたけれども、その政治家の方々の皇室の基礎知識に関して一つご紹介します。我が家と付き合いのある有村治子先生（自民党・参議院議員）が平成の時代にある野党の先生に、「今の天皇陛下は何代ですか」と聞いたそうです。平成の天皇陛下はご存知の通り第一二五代ですよね。しかし、そう質問された国会議員は「わからない」と答え、別の野党の国会議員は「四代」と答えたそうです。我が国は明治時代から始まったわけではない。国民の代表が、この程度のレベルなんです。

そしてまた、「開かれた皇室」は親しみを抱き身近に感じた結果なのでしょうが、あまりにも開かれ過ぎてしまって、今、メディアも国民の多くも皇室に対しての敬意を失っています。この現状をなんとかしなくてはいけません。

皇室をリセットする、神武天皇の王朝をリセットするということは、私たち国民の誇りが失われることであるということを伝えていくことがすごく大事だなと今日改めて感じました。私も日々の営みの中で地道にそれを伝えていこうと思います。

倉山　ご登壇をいただいた先生方、ありがとうございました。

いよいよ時間となってしまいました。フォーラムの閉会に当たりまして、救国シンクタンク理事の江崎道朗より一言ご挨拶させていただきます。江崎先生、よろしくお願い致します。

閉会の挨拶

江崎　みなさん長時間、本当にありがとうございました。

本日の提言はいずれも皇室を支える国民の責務についての話に関するものと言うことができるのではないでしょうか。

メディアだけでなく、ＳＮＳにおいても皇室についてあれこれと言挙げし、批判をする意見を見ます。残念ながら言論人の中にも皇室のあり方について口汚く罵る方がいます。そういうネガティブな議論に対して、我々救国シンクタンクは、皇室を支えていくのが国民の責務であるとの立場から政策提言を行っていくつもりです。本日、貴重なお話をしてくださった先生方のさらなるご活躍を期待すると共に、今日お集まりの方々には、皇室を支える国民の責務とはいかなることなのか、という観点からの先生方の提言を周囲の人々に伝えていってほしいと思います。それが私たち国民の務めではないかと思うんですが、みなさま、どうでしょうか。（拍手）

こうしたフォーラムが開けますのも救国シンクタンクの会員の方々に支えられてのことでございます。特定の政党や利益団体に支援を受けて活動するとなると、やはりいろいろなしがらみが出てきてしまうので、会員の方にはこれからも私たちの活動に対するご理解とご支援をいただきたく思います。また、会員でない方も、できましたら是非ともこれを機に会員になっていただいて、ともに日本の国を根底から支えていくことにご協力いただき、我々救国シンクタンクの活動を広めていただければと思っている次第でございます。本日はご来場、誠にありがとうございました。また、先生方、ありがとうございました。

（拍手）

倉山　江崎理事、ありがとうございました。最後にあらためて、本日ご講演いただいた先生方をご紹介いたします。

・新田均先生、

・榊原智先生、

・今谷明先生、

・山本直道先生、

・高清水有子先生

皆様今一度、盛大な拍手をよろしくお願いいたします。

そして救国シンクタンクからは江崎道朗研究員、渡瀬裕哉研究員、中川コージ研究員、柿埜真吾研究員、そして司会の理事長兼所長の倉山満でございました。ありがとうございました。（会場大拍手）

本日のプログラムは以上となります。お忙しい中、ご来場頂きまして誠にありがとうございました。また次回のフォーラムでお会いしましょう。

「皇位継承問題」関連年表

■神話と伝説の時代

?.?.?.
イザナギ・イザナミが国づくり。アマテラスやスサノオを産む。

?.?.?.
ニニギノミコト（アマテラスとスサノオの子孫）、三種の神器を携え天孫降臨。

紀元前660年（?.）
ニニギノミコトの曾孫のかんやまといわれびこのすめらみことが即位。
初代天皇（後に神武天皇と呼ばれる）に。
以後、今上天皇まで公称2683年間、一度の例外も無く皇位の男系継承が行われている。

?.?.?.年
第11代垂仁天皇、伊勢神宮（正式名称は、神宮）を創祀。

■古代

?.?.?.年
第16代仁徳天皇、6年間の無税を実施（民のかまど）。

672年
壬申の乱。第40代天武天皇の系統が皇位を継ぐことに。
第38代天智天皇の系統が皇位を奪還するのは、770年のこと

（孫の第49代光仁天皇）。

■中世

1349～52年 観応の擾乱。足利幕府が内訌し、南朝が・一時的に京都を占領。

1351年（観応2年、正平6年） 正平の一統。（当時の数え方で）第97代崇光天皇と皇太子（直仁親王）が廃される。

1352年 三院廃太子同時拉致事件。光厳・光明・崇光の三上皇と直仁親王が南朝に拉致される。半年以上の空位の末に、幕府は後光厳天皇を擁立。崇光天皇の系統は伏見宮家として残る。

1428年（正長元年） 伏見宮家から彦仁王が践祚（後花園天皇）。76年ぶりの皇位奪還。

1462年（康正2年） 第102代後花圏天皇より、伏見宮家が永世御所を名乗ることを許される。永代宮家の始まり。↓いわゆる十一宮家（旧皇族）の祖。

■近世

1710年（宝永7年） 新井白石の進言で閑院宮家の創設が決定。実施は8年後。

1779年（安永8年）当時の皇室の直系が絶えた際、閑院宮家より師仁親王が践祚（第119代光格天皇）。
現在の皇室の直接の祖。

■近代

1889年（明治23年）大日本帝国憲法・皇室典範、発布。十一宮家も皇族として残る。

1947年（昭和22年）5月3日　日本国憲法・皇室典範（現行）、施行。
10月14日　十一宮家51人が一斉に臣籍降下。

1965年（昭和40年）秋篠宮殿下、ご生誕。以後41年間、皇室に男子が産まれず。

■現代

2006年（平成18年）悠仁殿下、ご生誕。政府、女系天皇容認論を見送り。

2020年（令和2年）11月8日　立皇嗣の礼。第126代今上天皇が宣明。

2022年（令和4年）1月12日　政府、衆参両院議長に「天皇の退位等に関する皇室典範特例法案に対する附帯決議」に関する有識者会議の報告書を提出。

（フォーラム当日配布資料より再掲）

正統《しょうとう》図

フォーラム当日に会場でお見せした新田先生作成の正統《しょうとう》図全図を御覧ください。

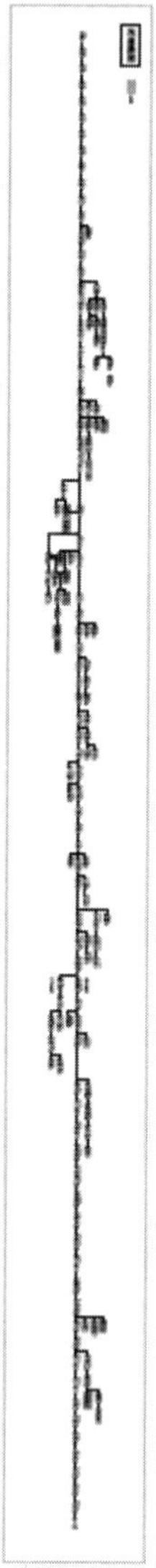

皇室の長い歴史を感じていただきたく、あえて一ページに表示してみましたが、これではまったく字が読めませんので、次ページから拡大図で解説します。

伝説の時代（神武─応神）

○囲み数字は「世数」天皇名下の数字は「代数」を表す。

①──神武《じんむ》1

②──綏靖《すいぜい》2

③──安寧《あんねい》3

④──懿徳《いとく》4

⑤──孝昭《こうしょう》5

⑥──孝安《こうあん》6

⑦──孝霊《こうれい》7

　初代・神武天皇から成務天皇まで、十三代連続で父子継承された。ただし、神話と歴史が入り混じった伝説的な時代のことなので、確定的なことはわからない。

　成務天皇には皇子がいなかったので、兄・日本武尊の皇子が即位して仲哀天皇となる。成務天皇からすると甥への継承である。

　成務天皇は「正統《せいとう》」な天皇ではあるけれども、子がなかったので「正統《しょうとう》」には入らず、天皇にはならなかった日本武尊をもって十三世とする。

　その後の仲哀天皇、応神天皇では、世数と代数がふたたび一致する。

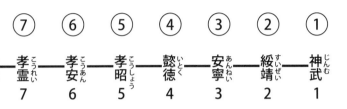

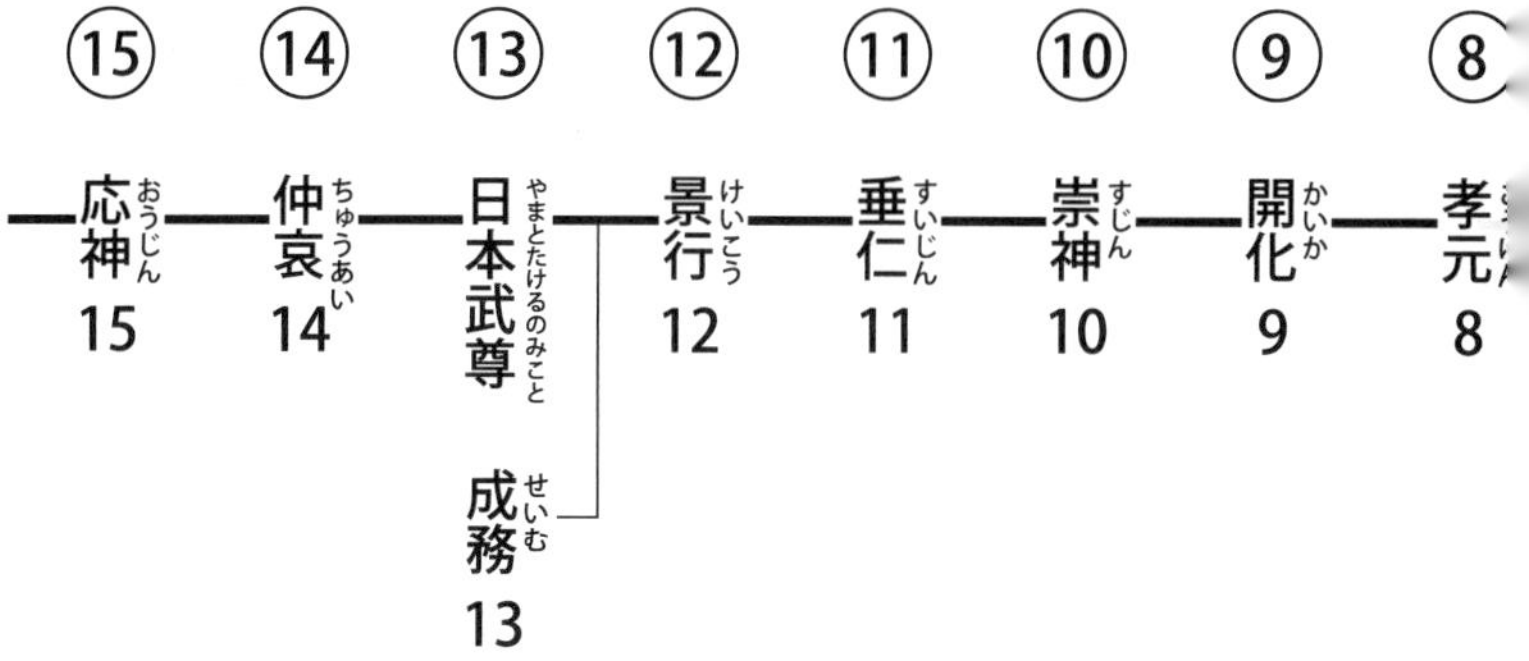
⑮
応神《おうじん》
15
⑭
仲哀《ちゅうあい》
14
⑬
日本武尊《やまとたけるのみこと》
成務《せいむ》
13
⑫
景行《けいこう》
12
⑪
垂仁《すいじん》
11
⑩
崇神《すじん》
10
⑨
開化《かいか》
9
⑧
孝元
8

皇統の危機（応神—継体）

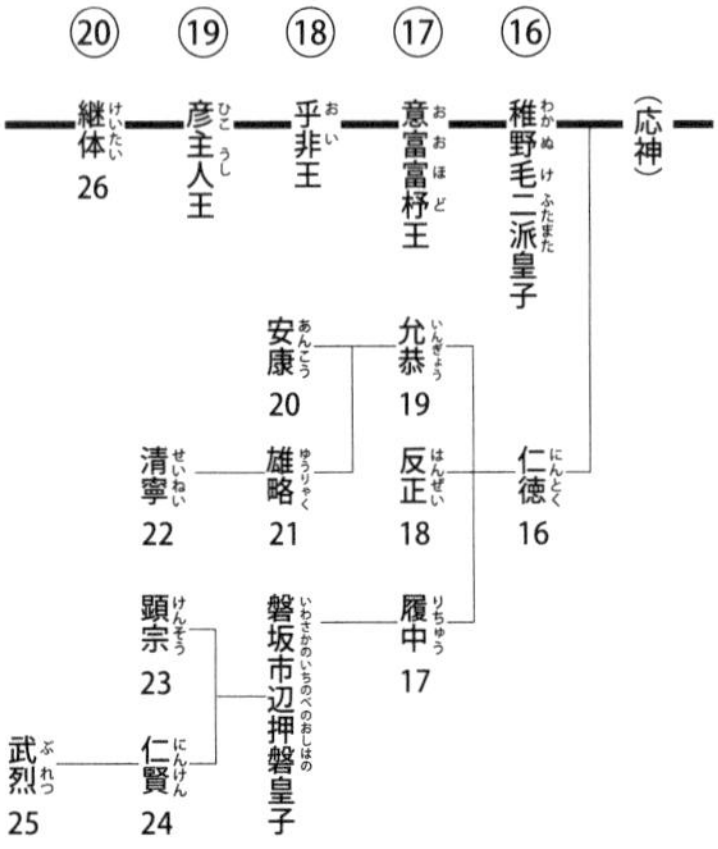

応神天皇・仁徳天皇・履中天皇と父子継承されるが、その後は兄弟継承も多くなる。

仲哀・応神・仁徳・履中と四代父子継承が続いたが、その後は、履中・反正・允恭と三代続けて兄弟継承となる。

安康天皇は暗殺され、雄略天皇が皇位を継ぐ。雄略天皇の皇子、清寧天皇には子がなかったので、磐坂市辺押磐皇子《いわさかのいちのべのおしはのみこ》の二人の皇子を探し出し、二人のうち、弟の顕宗天皇が即位。顕宗天皇には子がなかったので、兄の仁賢天皇が皇位を継ぐ。仁賢天皇の皇子の武烈天皇には子がなかったので、応神天皇の五世の孫を探し出し、皇位を継いでいただいた。継体天皇である。

これによって、仁徳から武烈までの歴代天皇は「せいとう」ではあるけれども「しょうとう」からは外れ、十六世から十九世の方々はいずれも皇位に就かれていない。

ちなみに、継体天皇は仁賢天皇の皇女を皇后に迎え、女系では仁徳系とつながっている。

古代の天皇（継体ー天智）

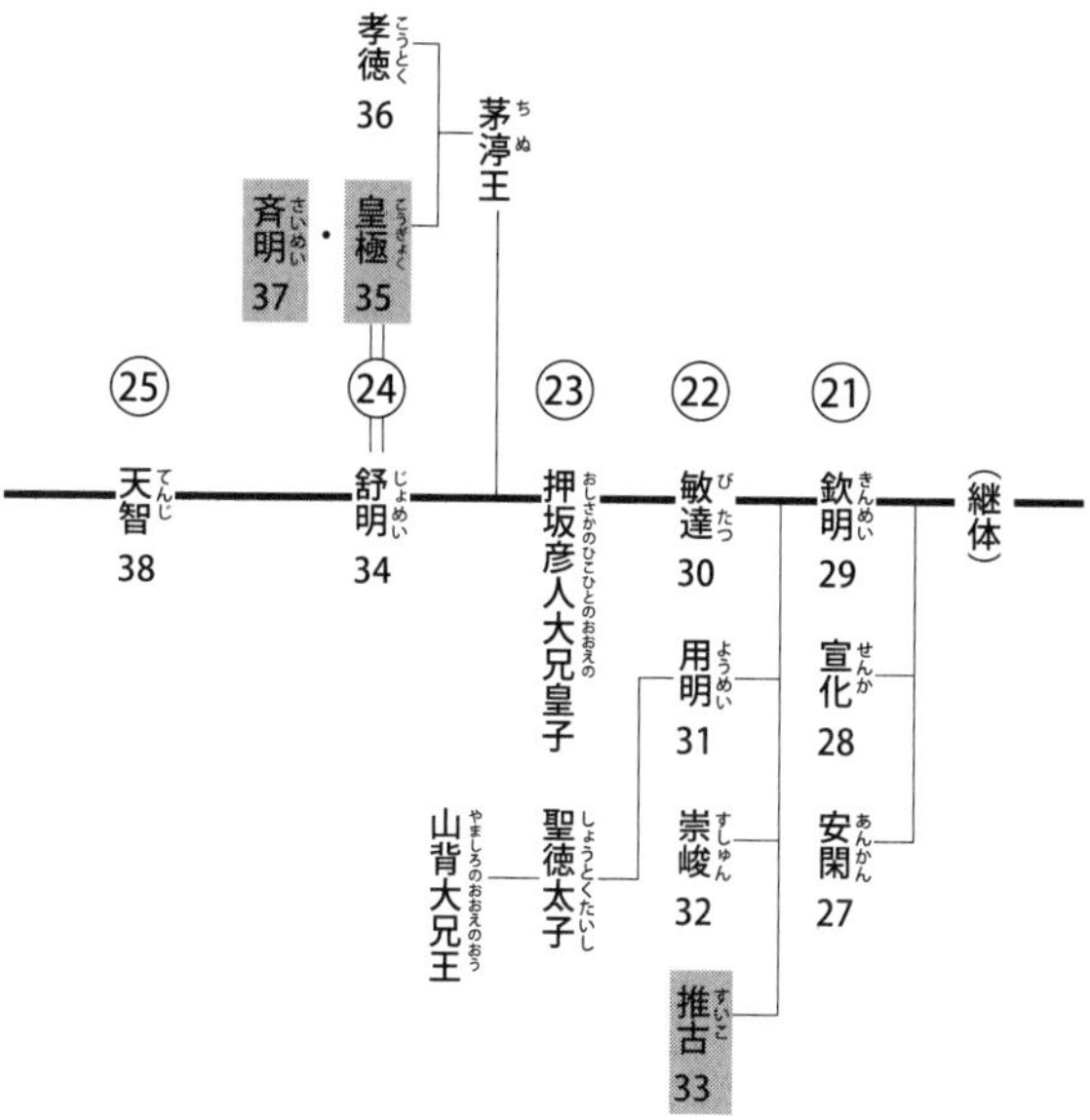

継体天皇から安閑天皇へは父子継承だが、その後、兄弟継承が続く。欽明天皇は皇子である敏達天皇に皇位を継承できたが、その後はまた兄弟継承に。三代、兄弟継承が続いたが、崇峻天皇暗殺の不吉に際し、推古女帝が即位した。推古天皇は、現在では最初の女帝とされるが、かつては仲哀天皇皇后である神功皇后が最初の女帝とされていた。

　推古天皇崩御後は敏達天皇の孫の舒明天皇が即位。女帝は「せいとう」ではあるが「しょうとう」にはならない。

　舒明天皇の崩御後、多くの政争があり、父子継承が難しくなっていく。

奈良時代から平安時代へ（天智ー桓武）

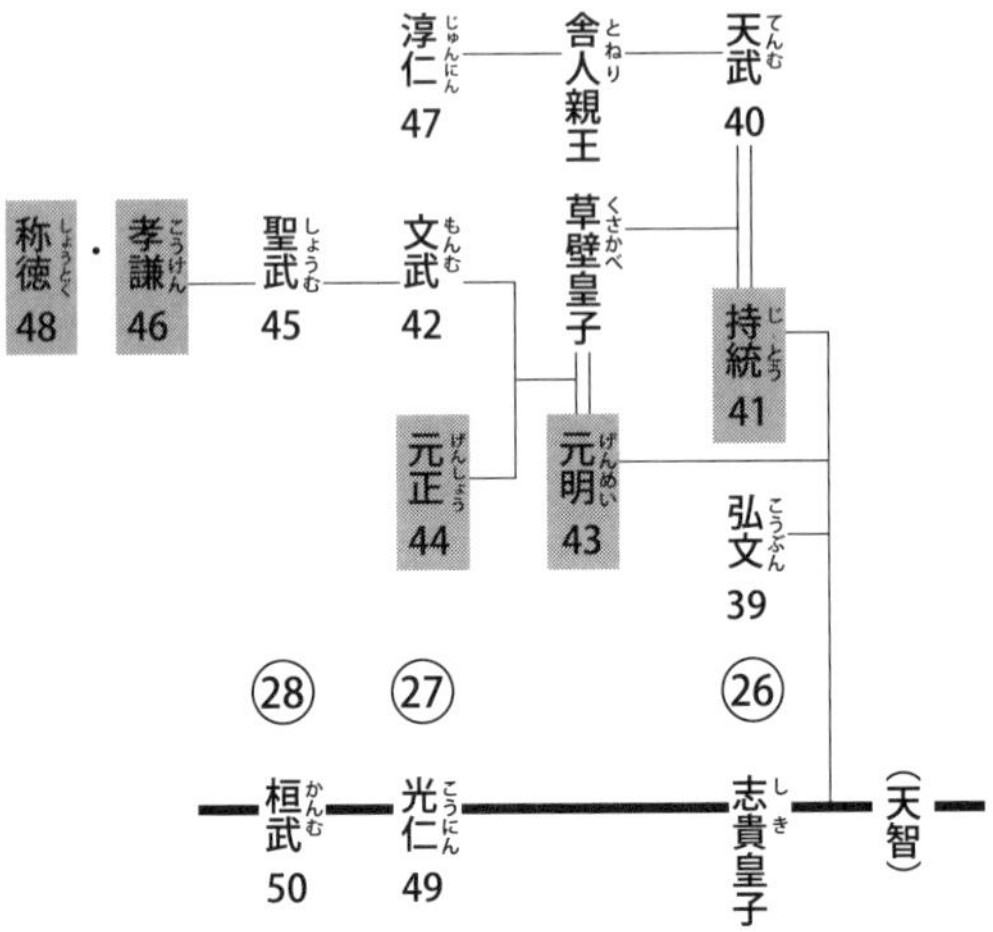

舒明天皇の「しょうとう」は天智天皇に継がれるが、その子の弘文天皇は壬申の乱で破れ、いったんは天武天皇の系統が「しょうとう」となり、天武から草壁皇子、文武、聖武と天武系の男系男子に「しょうとう」を継ごうとした。そして、後継候補者が幼い時は女帝が中継ぎとなった。よって、この時期、多くの女帝が出ている。

　称徳天皇の在位中、道鏡事件（僧・道鏡を皇位につけようとしたが失敗）が起きると、天智天皇の孫の光仁天皇が即位。天智系に「しょうとう」が移り、今に至る。

平安盛期（桓武ー村上）

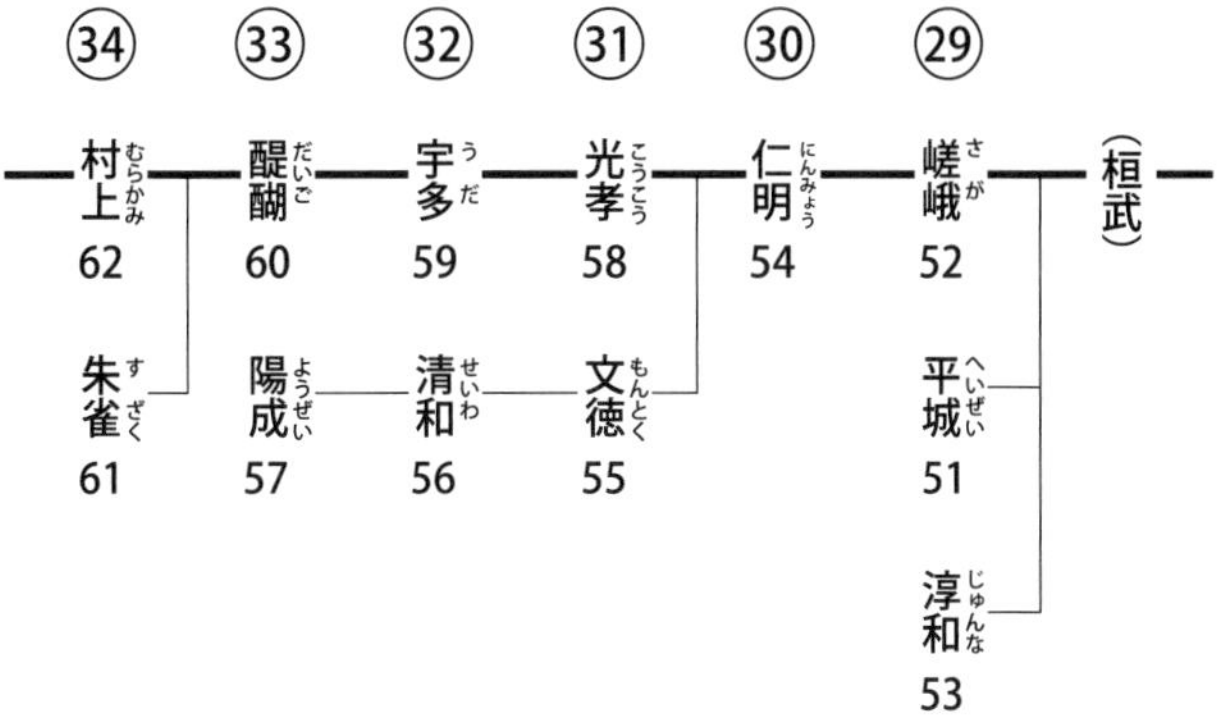

桓武天皇の後は子の平城天皇が継承するが、平城、嵯峨、淳和天皇は三代続けて兄弟継承となる。結局、「しょうとう」は嵯峨天皇の系統に。

仁明天皇の後、文徳、清和、陽成と父子相続が続いたが、陽成天皇は病気により退位に追い込まれ、「しょうとう」は光孝、宇多、醍醐の系統に移った。

醍醐天皇の後は朱雀天皇が即位されたが、皇子なく崩御され、弟の村上天皇が継ぐ。

摂関政治時代（村上ー後白河）

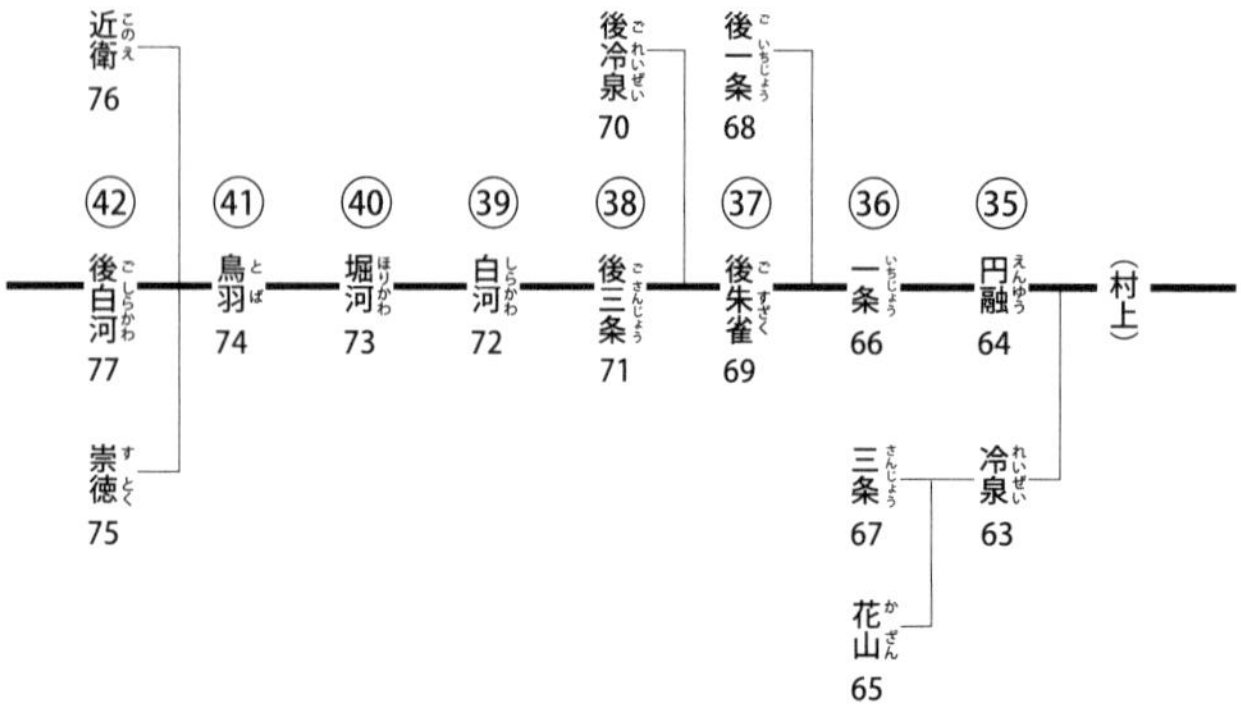

村上天皇の後、直系で継承が進まない両統迭立の状態になる。冷泉天皇から円融天皇へは兄弟継承、次世代は兄弟よりもさらに離れたいとこ継承となる。

摂関政治の時代、皇位継承にあたっては、後ろ盾となる貴族の力関係が大きくものをいうようになり、変則的な皇位継承となった。

「両統迭立」というと鎌倉時代末期の持明院統と大覚寺統が室町時代の南北朝の争いにつながっていくので有名だが、このように平安時代にも小さな「両統迭立」があった。このときは藤原道長が三条天皇を圧迫し、強引に円融・一条系に一本化したので、「両統迭立」状態は終了した。

一条天皇の皇子、後一条天皇は皇子なく崩御。弟の後朱雀天皇が皇位を継いだ。その第一皇子が後冷泉天皇となるが、皇子なく、後朱雀・第二皇子の後三条天皇が即位し「しょうとう」を継ぐ。後三条天皇の後、崇徳天皇まで父子継承されるが、崇徳、近衛、後白河の三代は兄弟継承となり、後白河天皇が「しょうとう」を継ぐ。

院政時代から鎌倉初期（後白河ー後嵯峨）

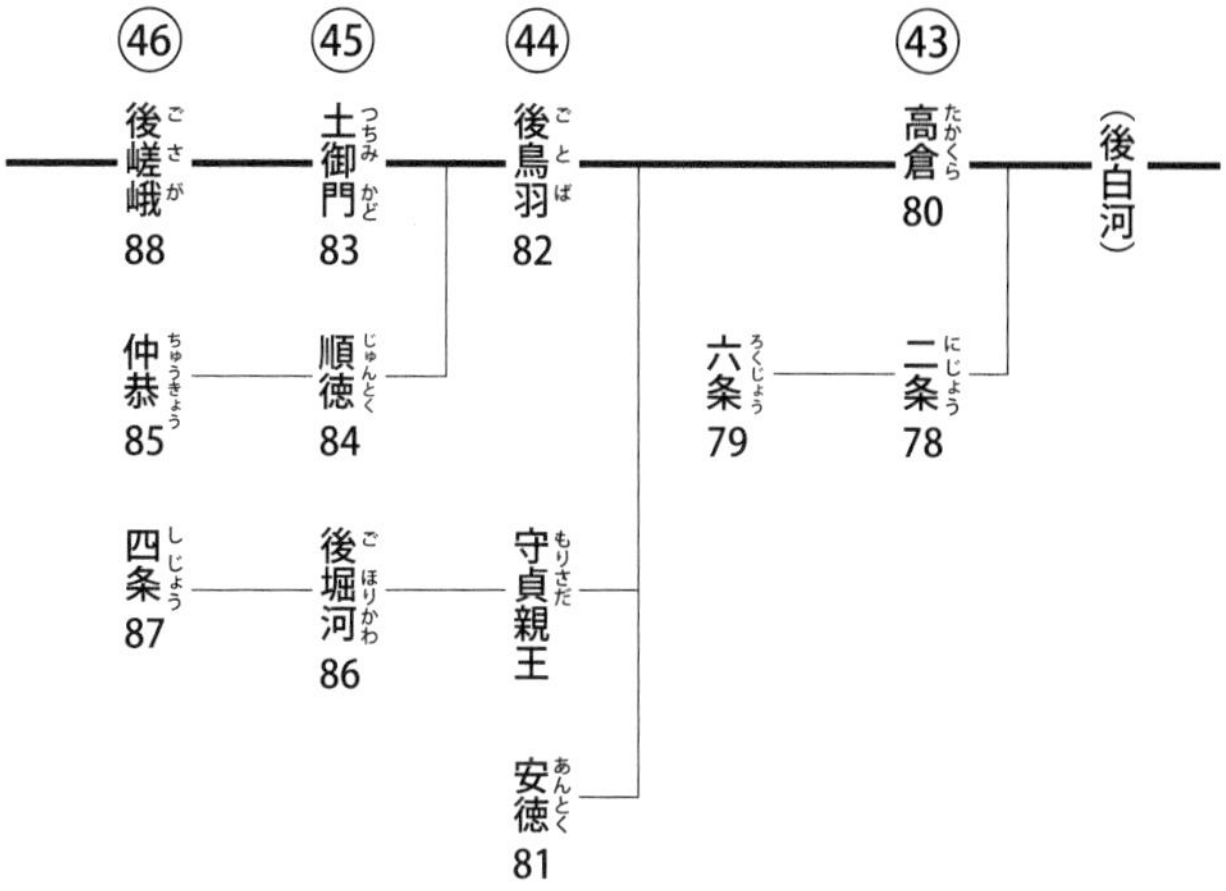

後白河以後、皇位は第一皇子の二条天皇、その子の六条天皇と継承されるが、六条天皇が夭死したので、高倉天皇の系統に「しょうとう」が移った。

高倉天皇の時代に源平の争乱が本格化し、平家が安徳天皇をつれて都落ちする一方、京都には後鳥羽天皇が立ち、一一八三〜一一八五年の二年間は安徳天皇と後鳥羽天皇が並立する状態となった。平家の滅亡とともに安徳天皇は崩御。

後鳥羽院政のもとで、土御門、順徳の兄弟継承を経て、仲恭天皇に皇統が移ったが、承久の乱に際して、後鳥羽系は排除される。鎌倉幕府は守貞親王（後高倉院）を上皇に立て、皇位を継承したのは後堀河天皇。守貞親王は天皇位に就くことなく上皇になった初例。

後堀河天皇を継いだのは四条天皇だが、幼くして事故死したため、土御門天皇の第三皇子の後嵯峨天皇が継ぎ、「しょうとう」が移る。

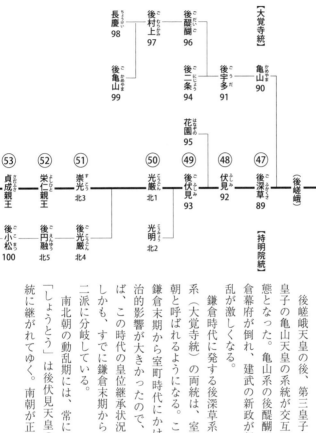

鎌倉時代から室町時代へ　南北朝の騒乱（後嵯峨ー後花園）

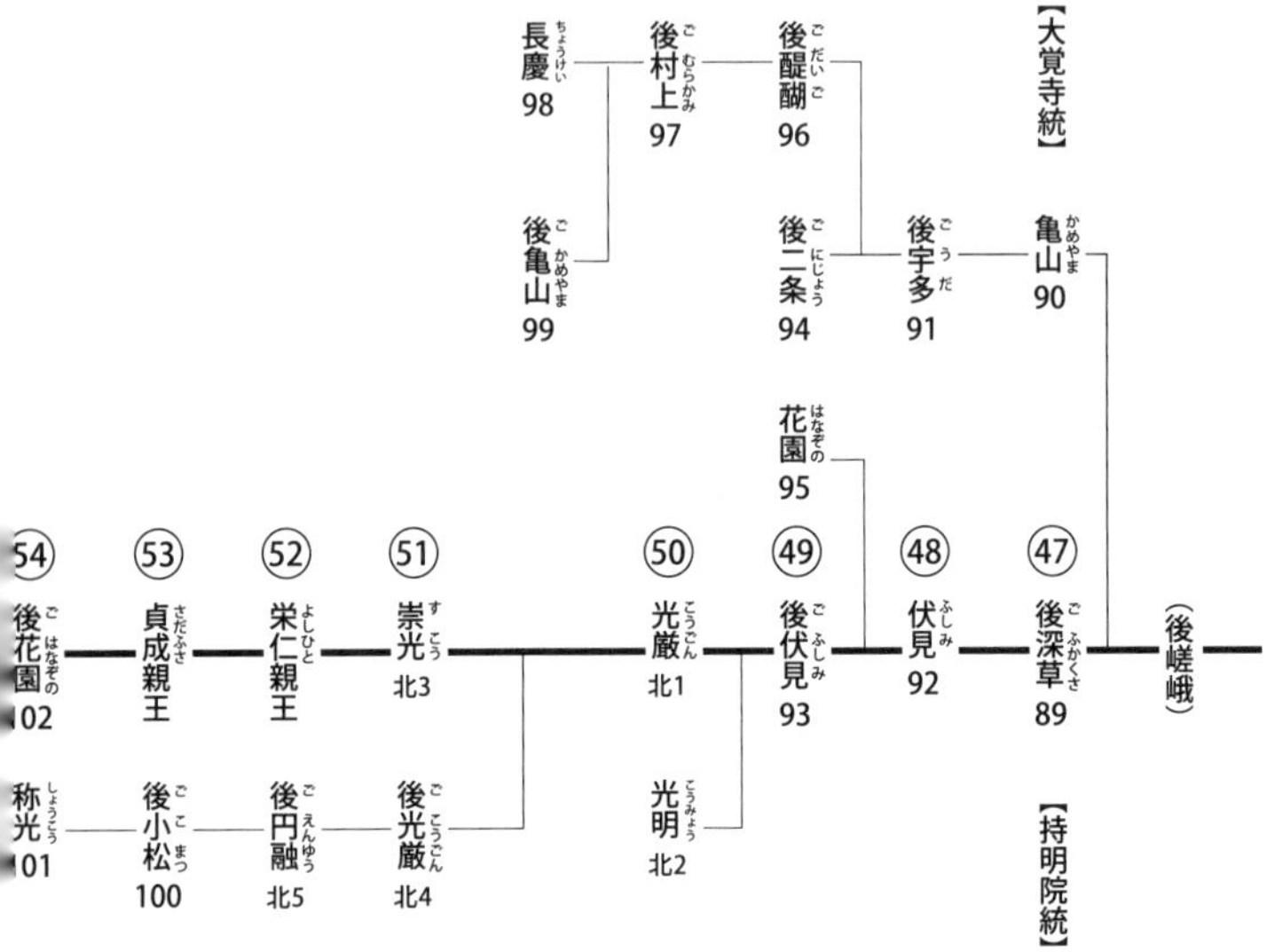

後嵯峨天皇の後、第三皇子の後深草天皇と第七皇子の亀山天皇の系統が交互に継ぐ両統迭立の状態となった。亀山系の後醍醐天皇の時代には、鎌倉幕府が倒れ、建武の新政が行われ、南北朝の動乱が激しくなる。

鎌倉時代に発する後深草系（持明院統）と亀山系（大覚寺統）の両統は、室町時代には北朝・南朝と呼ばれるようになる。このときの両統迭立は鎌倉末期から室町時代にかけて長期にわたり政治的影響が大きかったので、「両統迭立」と言えば、この時代の皇位継承状況を指すことが多い。しかも、すでに鎌倉末期から、各統内でもさらに二派に分岐している。

南北朝の動乱期には、常に北朝が優位であり、「しょうとう」は後伏見天皇の後、光厳天皇の系統に継がれてゆく。南朝が正統（せいとう、しょうとう）とされ、北朝が「閏」とされたのは、はるか約六百年後の明治四十四（一九一一）年である。ちなみに、二十七世・光仁天皇から五十一世・崇光天皇まで、「しょうとう」を継いだ人（世数持ち）はすべて天皇として即位されている。

崇光天皇の時代に観応の擾乱に際し、皇位継承に混乱が起こる。崇光天皇は廃位され、さらに三院廃太子（光厳・光明・崇光・直仁親王）が南朝方によって拉致される事件が起こり、後光厳天皇が即位する。

ところが、後光厳系統は称光天皇で絶え、崇光天皇のひ孫である彦仁《ひこひと》王が伏見宮家より即位し、後花園天皇となる。結局、「しょうとう」は崇光系にもどったことになる。

なお、後花園天皇は、伏見宮を継いだ弟の貞常親王に永世御所の勅許を下し、近代に残る旧皇族家はすべてこの伏見宮家を祖としている（第四章参照）。

応仁の乱から戦国時代（後花園—後水尾）

（後花園）—㊺後土御門《ごつちみかど》103—㊻後柏原《ごかしわばら》104—㊼後奈良《ごなら》105—㊽正親町《おおぎまち》106—㊾誠仁《さねひと》親王—㊿後陽成《ごようぜい》107—(61)後水尾《ごみずのお》108

後花園天皇から後水尾天皇までは、見事な一本線。この間の「しょうとう」は、践祚の直前に急死した誠仁親王以外、すべて父子継承で後水尾天皇までつながっている。誠仁親王が皇位を継いでいたら、八代連続で父子継承となったところである。時は戦国時代だが、皇位継承は父子継承で安定していて、ほかに特記事項がない。

江戸時代（後水尾―光格）

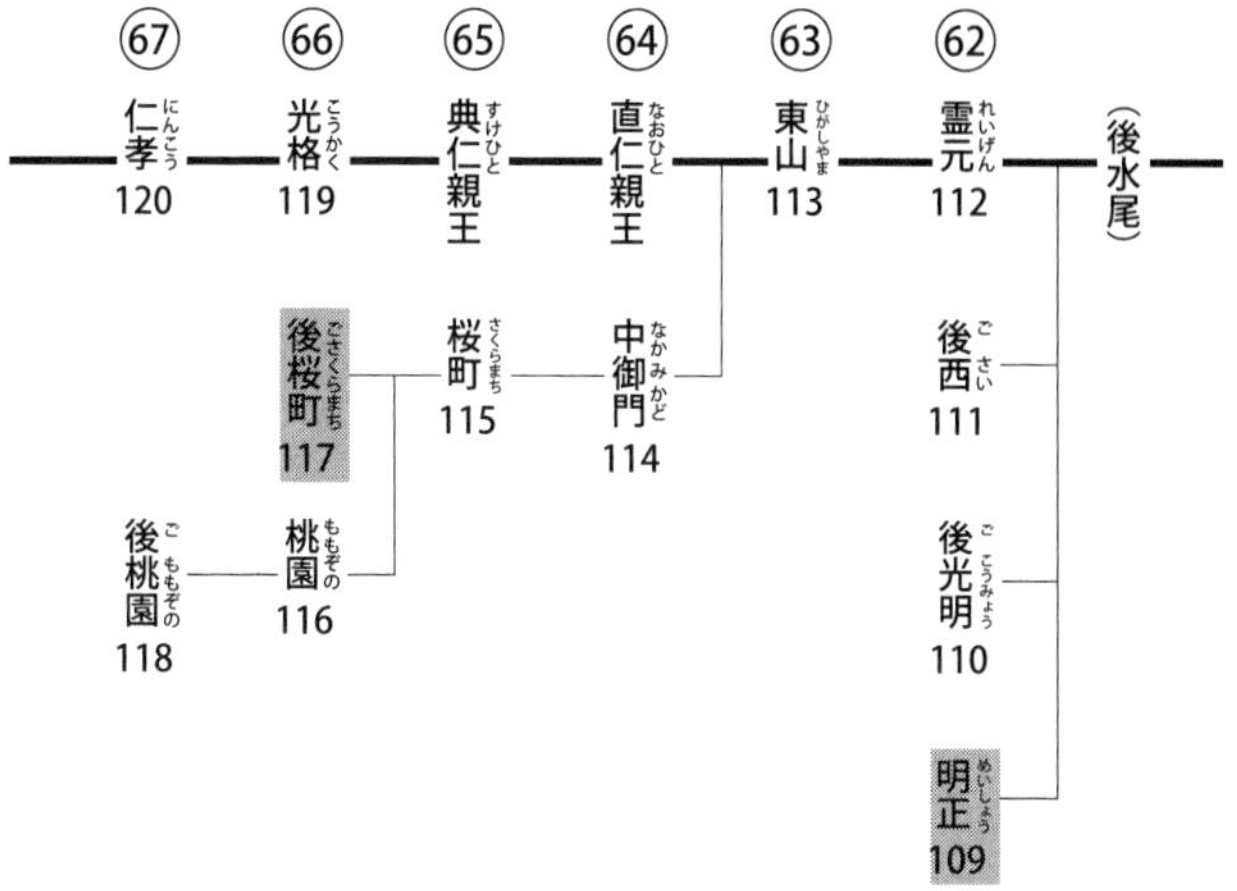

後水尾天皇の次世代は、兄弟継承が続き、結局、「しょうとう」を継いだのは霊元天皇である。

霊元天皇の後、皇統は東山、中御門、桜町、桃園と父子継承されたが、桃園天皇崩御の時点で継承者の英仁《ひでひと》親王（後の後桃園天皇）が幼かったため後桜町女帝が即位。

しかし、そうした配慮もむなしく、後桃園天皇は皇子のないまま若くして亡くなったので、閑院宮家から光格天皇が即位する。「しょうとう」は東山天皇から光格天皇につながる系統に移る。

幕末から現代（光格―今上）

（光格）― 仁孝《にんこう》 ㊲ 120 ― 孝明《こうめい》 ㊳ 121 ― 明治《めいじ》 ㊴ 122 ― 大正《たいしょう》 ㊵ 123 ― 昭和《しょうわ》 ㊶ 124 ― 上皇《じょうこう》 ㊷ 126 ― 今上《きんじょう》 ㊸ 127

光格天皇から今上天皇までは八代、父子継承が続いている。現在まで、父子継承連続の最長記録は、神武～成務の十三代連続の伝説を除けば、光格～今上天皇までの八代連続が最長である。

なお、今上天皇の後の皇位継承順位は、第一位が秋篠宮殿下、ついで悠仁殿下と決まっているので、将来は「しょうとう」が移り、秋篠宮殿下が七十三世、悠仁殿下は七十四世となる。

秋篠宮殿下が即位できない状態だった場合、悠仁殿下が直接、皇位を継ぐことになるが、その場合でも秋篠宮殿下が七十三世となることに変わりはない。

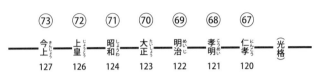

新田均
皇學館大学 現代日本社会学部教授。

榊原智
産経新聞社 論説委員長。

今谷明
国際日本文化研究センター 名誉教授。

山本直道
弁護士 山本直道法律事務所。

髙清水有子
皇室評論家。公財）日本文化興隆財団理事。

< 著者紹介 >

倉山満
一般社団法人救国シンクタンク理事長 所長。皇室史学者。

江崎道朗
一般社団法人救国シンクタンク理事 研究員。評論家。

渡瀬裕哉
一般社団法人救国シンクタンク理事 研究員。国際政治アナリスト。

中川コージ
一般社団法人救国シンクタンク研究員。戦略科学者。

救国シンクタンク叢書
皇位継承問題

2023年12月1日　初版発行

編　者　救国シンクタンク
発行者　伊藤和徳

発　行　総合教育出版 株式会社
〒171-0014
東京都豊島区池袋二丁目54番2号アーバンハウス201
電話　03-6775-9489
発　売　星雲社（共同出版社・流通責任出版社）

構成・編集　倉山工房　徳岡知和子
装丁・販売　奈良香里、山名瑞季
進行　土屋智弘
印刷・製本　株式会社シナノパブリッシングプレス

ISBN978-4-434-33031-5

◇会員入会案内

一般社団法人〈救国シンクタンク〉では、「提言」「普及」「実現」を合言葉に民間の活力を強めるための、改革を阻害する税負担と規制を取り除く活動を行っています。

シンクタンクとして研究を通じ要路者へ提言を行い、国民への普及活動を実施し、政治において政策を実現していくことを目指しています。

救国シンクタンクは、会員の皆様のご支援で、研究、活動を実施しています。

救国シンクタンクの理念に賛同し、活動にご協力いただける方は、ご入会の手続きをお願いいたします。

《会員特典》

①貴重な情報満載のメルマガを毎日配信

研究員の知見に富んだメルマガや国内外の重要情報を整理してお届けします。

②年に数回開催する救国シンクタンクフォーラムへの参加。

③研究員によるレポート・提言をお送り致します。

お申込み、お問い合わせは救国シンクタンク公式サイトへ

https://kyuukoku.com/